앵무새
교과서

INKO NO KIMOCHI TO KAIKATA GA WAKARU HON

Copyright © Shufunotomo Co., Ltd., 2014
All rights reserved.
First published in Japan by Shufunotomo Co., Ltd., Tokyo.

This Korean language edition is published by arrangement with
Shufunotomo Co., Ltd., Tokyo in care of Tuttle-Mori Agency, Inc., Tokyo through
Danny Hong Agency, Seoul.
Korean translation copyright © 2015 by Sam & Parkers Co., Ltd.

이 책의 한국어판 저작권은 대니홍 에이전시를 통한 저작권사와의 독점 계약으로 (주)쌤앤파커스에 있습니다.
저작권법에 의해 한국 내에서 보호를 받는 저작물이므로 무단전재와 복제를 금합니다.

앵무새 교과서

앵무새 마음까지 알려주는
'똑똑한' 사육 지침서

주부의 벗 지음
하마모토 마이(에비스 버드 클리닉 원장) 감수
노경아 옮김

앵무새 교과서

2015년 4월 10일 초판 1쇄 | 2025년 10월 24일 9쇄 발행

지은이 주부의 벗 **옮긴이** 노경아
펴낸이 이원주

기획개발실 강소라, 김유경, 강동욱, 박인애, 류지혜, 고정용, 이채은, 최연서
마케팅실 양근모, 권금숙, 양봉호 **온라인홍보팀** 신하은, 현나래, 최혜빈
디자인실 진미나, 윤민지, 정은예 **디지털콘텐츠팀** 최은정 **해외기획팀** 우정민, 배혜림, 정혜인
경영지원실 강신우, 김현우, 이윤재 **제작실** 이진영
펴낸곳 (주)쌤앤파커스 **출판신고** 2006년 9월 25일 제406-2006-000210호
주소 서울시 마포구 월드컵북로 396 누리꿈스퀘어 비즈니스타워 18층
전화 02-6712-9800 **팩스** 02-6712-9810 **이메일** info@smpk.kr

ⓒ 주부의 벗 (저작권자와 맺은 특약에 따라 검인을 생략합니다)
ISBN 978-89-6570-249-8 (13490)

- 이 책은 저작권법에 따라 보호받는 저작물이므로 무단전재와 무단복제를 금지하며, 이 책 내용의 전부 또는 일부를 이용하려면 반드시 저작권자와 (주)쌤앤파커스의 서면동의를 받아야 합니다.
- 잘못된 책은 구입하신 서점에서 바꿔드립니다.
- 책값은 뒤표지에 있습니다.

쌤앤파커스(Sam&Parkers)는 독자 여러분의 책에 관한 아이디어와 원고 투고를 설레는 마음으로 기다리고 있습니다. 책으로 엮기를 원하는 아이디어가 있으신 분은 이메일 book@smpk.kr로 간단한 개요와 취지, 연락처 등을 보내주세요. 머뭇거리지 말고 문을 두드리세요. 길이 열립니다.

인기 앵무새 1

몸짓 하나하나 사랑스러운 앵무새!

고개만 갸웃거려도 귀여워요!

사랑앵무
앵무새들은 가끔 이렇게 고개를 갸웃거린다. 궁금해하는 듯한 모습이 귀엽다.

형형색색 날개색이 놀랄 만큼 예뻐요!
이 사진에 보이는 색상은 앵무새의 다채로운 색상 중 극히 일부일 뿐이다. 열대 출신다운 화려한 색상에서 청초한 분홍까지, 자유롭게 선택할 수 있다.

레인보우 로리킷

블랙캡 로리

꽃모란앵무

추초앵무

검은머리 카이큐

파인애플 그린칙 코뉴어

인기 앵무새 2

제일 좋아하는 건 먹기, 놀기, 그리고 사육자!

왕관앵무
모이를 콕콕 쪼아 먹는 모습을 보고 있으면 마음이 편안해진다.

먹는 건 즐거워~

유리앵무

호기심 가득
유리앵무
처음에는 낯선 사물을 무서워하지만, 익숙해지면 호기심 가득한 눈으로 다가간다.

회색앵무

블루헤드 파이오누스

잘 지내?
아주 잘 지내.
응.

노는 것도 즐거워~
앵무새는 머리가 좋아서 다양한 놀이를 할 수 있다.
사육자와 노는 것도 아주 좋아한다!

사랑앵무

붉은관유황앵무

말하는 것도 즐거워~
언어능력이 뛰어난 종일 경우, 다양한 단어를 외워서 사람과 대화까지 할 수 있다.

다른 동물과도 사이좋게

사랑앵무
성격만 맞으면
다른 동물과도 사이좋게 지낸다.
그러나 개, 고양이 등
육식동물 곁에는
절대 풀어놓지 말 것!
(107쪽 참조)

성격이 맞지 않을 때도

성격이 맞을 때도

앵무새끼리
같은 앵무새라도
종과 개체에 따라
성격이 맞지 않을 수 있다.

막시밀리언 파이오누스, 사랑앵무

막시밀리언 파이오누스, 왕관앵무

그래도 가장 좋아하는 건 사육자!
세심하게 보살펴주는 사육자에게는
절대적인 신뢰와 애정을 보여준다.

회색앵무

막시밀리언 파이오누스

매일 앵무새에게 둘러싸여 살고 싶다면

신기한 앵무새 관련 상품

앵무새가 정말 좋아서 소지품까지 모두 앵무새로 도배하고 싶다!
애조인을 위한 다양한 앵무새 관련 상품을 소개한다.

화제의 앵무새 아이스크림

입속에 향기로운 '앵무새 냄새'가 퍼지는 화제의 앵무새 아이스크림!

문조 캐릭터의 작은 새 맛 아이스크림
잡곡, 마시멜로가 들어 있음.
동글동글한 문조 같은 식감!

사랑앵무 맛 아이스크림
잡곡과 벌꿀이 들어 있음.
사랑앵무를 손에 쥐고
바닐라 아이스크림을 먹는 듯한 맛.

왕관앵무 맛 아이스크림
해바라기씨, 호박씨, 벌꿀이 들어 있음.
잠든 사이 왕관앵무가 얼굴에 올라와
벌어진 입속에 발을 집어넣었을 때와
비슷한 맛.

아이스크림과 전병을 취급하는 곳

새가 있는 카페 '포코노 모리'

유리 너머로 새들이 노는 모습을 지켜보며, 식사와 차를 즐길 수 있는 카페. 왕관앵무, 사랑앵무, 낯꽃모란앵무, 빗창앵무 등 앵무새들과 문조, 십자매 등의 '조류직원'이 30마리 넘게 있다. 앵무새를 테마로 한 디저트 메뉴가 인기이며, 과자와 문구류도 판매되고 있다(카페에서 판매하는 앵무새 아이스크림은 인터넷몰에서도 주문가능).

| 주소 | 효고 현 고베 시 나다 구 시로노우치 길 3-2-14 스파이스 빌딩 1층 (兵庫県 神戸市 灘区 城内通り 3-2-14 スパイスビル 1F)
| 전화번호 | 078-805-6700
| 영업시간 | 13:00~20:00 (마지막 주문마감은 19:30)
| 정기휴업일 | 월, 화요일
| 홈페이지 | http://www.birdcafe.jp

앵무새 파르페

앵무새와 함께 먹고 싶은 '기왓장전병 앵무새'

일본 고베의 명물인 기왓장 전병에 귀여운 앵무새 모양을 새겼다. 사랑앵무, 왕관앵무, 모란앵무 등 세 종류. 사람은 물론 앵무새가 먹어도 안전한 천연재료로 만들었다.

패브릭 상품

티셔츠
작은 꽃과 사랑앵무 세 마리의 그림이 세련되면서도 심플해서 사랑스럽다.

토트백
튼튼하고 물건을 많이 수납할 수 있다. 안쪽에 주머니가 달려 있어서 외출할 때 소지품을 보관하기도 편리하다.

사랑앵무 토트백 (내추럴 컬러) Ⓐ

[KOTORITACHI] 모란 & 벚꽃모란앵무 토트백 Ⓚ

작은 꽃과 사랑앵무가 인쇄된 혼방 래글런 티셔츠 Ⓐ

수납함
내추럴한 레이스가 달린 수납함에 앵무새 그림이 잘 어울린다. 입구는 복주머니처럼 조여서 닫을 수 있다.

휴대용 핸드타월
부드럽고 푹신하다. 사진의 상품 외에도 사랑앵무(녹색)와 왕관앵무(노란색) 그림이 있다.

레이스 수납함(왕관앵무, 사랑앵무) Ⓐ

왕관앵무 손수건(분홍)   사랑앵무(흰색) Ⓐ

파우치
구석구석 달린 주머니에 자질구레한 물건을 분류하여 수납하면 가방 속이 깔끔해진다.

봉제인형
분홍색 앵무새 인형은 오뚝이라서 흔들흔들 뒤뚱거리는 모습이 무척이나 귀엽다. 블루헤드 파이오누스 인형의 동글동글 사랑스러운 모습을 보고 있으면 마음이 편안해진다. 둘 다 소재는 양모펠트.

벚꽃모란앵무 파우치 Ⓜ

카드지갑
베이지색 바탕에 파란색 사랑앵무 자수가 사랑스럽다.

사랑앵무 카드지갑 Ⓜ

[피레아] 양모펠트 벚꽃모란앵무   [피레아] 양모펠트 붉은관유황앵무(대) Ⓚ

Ⓐ ART MARKET Ⓚ 콤파말 Ⓜ 디자인필 미도리 (연락처는 198쪽에)

문구류

엽서
내용을 적어서 누군가에게 보내도 좋고, 벽에 붙여 장식해도 좋다.

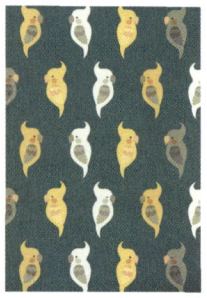

[KOTORITACHI]
왕관앵무 엽서 Ⓚ

축의금 봉투
손으로 그린 앵무새 그림이 소박하다. 받는 사람도 기분 좋은 디자인이다.
[EVER GREEN] 축의금 봉투(대)
좌: 왕관앵무 우: 사랑앵무 Ⓚ

마스킹 테이프
모양을 따라 오려져 있는 재미있는 디자인. 수첩이나 앨범 등 어디에 붙여도 돋보인다.
[데코포코] 마스킹 테이프(앵무새 문양) Ⓥ

아기자기한 앵무새 캐릭터!

'이노린꼬' 상품

'이노린꼬'는, 앵무새 애호가 블로거인 스가하라 에미 씨가 도호쿠의 지진 복구를 기원하는 마음을 담아 양모로 만들었던 '히마마의 이노린꼬' 인형에서 유래한 캐릭터다. 귀여운 앵무새가 기도하는 모습을 보면 마음이 차분해진다.

● 이노린꼬 인터넷 쇼핑몰
http://ziesbank.com/inorinco/ziesshop/
(매출의 10%는 동일본 대지진 의연금으로 쓰임)
● 스가하라 에미 씨의 블로그
'Happy days ★ 앵무새와 함께하는 나날(2탄)'
http://yellowflower2.blog25.fc2.com/

스티커
유리앵무 스티커와 사랑앵무 스티커는 PVC 펠트로 만들어져 촉감이 부드럽다. 금강앵무 스티커에는 분홍매커우, 유리금강앵무, 유황앵무, 회색앵무 등이 다양하게 포함되어 있다.

사랑앵무 스티커(우) &
유리앵무 스티커(좌)도 있음.
금강앵무 스티커 Ⓜ

클리어 파일

휴대전화 스트랩

사랑앵무

왕관앵무   엽서

편지지 세트
쪽지처럼 활용할 수 있는 작은 편지지와 L사이즈(89×127mm) 사진까지 들어가는 큼직한 봉투로 구성된 상품이다. 부드러운 질감의 스티커도 들어 있다. 이것만 있으면 편지 쓰는 시간이 즐거워진다.

사랑앵무 편지지 세트
(스티커 포함) Ⓜ,

왕관앵무 편지지 세트
(스티커 포함) Ⓜ

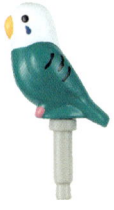

이어폰 잭
스마트폰이나 아이팟, 게임기 등 모든 일반 이어폰 잭에 사용할 수 있다.
사랑앵무 이어폰 잭Ⓚ

휴대전화 관련 상품

피규어 스트랩
캐릭터 상품 중에서도 보기 드문 모란앵무와 회색앵무 피규어. 앵무새를 키우는 사람이라면 꼭 갖고 싶어할 만한 상품이다.
피규어 스트랩, 좌: 모란앵무, 우: 회색앵무Ⓚ

휴대전화 케이스
분홍색 바탕에 사랑스러운 앵무새 두 마리와 꽃이 그려진 아기자기한 디자인이다.
아이폰용 앵무새 케이스Ⓥ

스와로브스키 스트랩
반짝반짝 빛나는 스와로브스키 크리스털로 아름다운 앵무새의 모습을 표현했다. 이것 하나면 휴대전화가 화려해진다.
스와로브스키 스트랩,
좌: 붉은관유황앵무(대),
우: 검은머리 카이큐(대)Ⓚ

은반지
세련되고도 묵직해 보인다. 이 반지를 끼고 있으면 왕관앵무가 손가락 위에 앉아 있는 듯한 느낌이 든다.
[marship] 손가락에 내려앉은 왕관앵무(흰색) 13호Ⓚ

기타 상품

머그컵
남미에서 온 노란머리 카이큐가 열대지방을 연상시키는 산뜻한 색으로 채색되어 있다. 전자레인지에도 사용할 수 있다.
[piyo piyo brand] 노란머리 카이큐, 검은머리 카이큐 머그컵Ⓚ

배지
가방이나 옷의 포인트로 활용하기 좋다. 디자인이 다양해서 여러 개를 조합해서 써도 좋다.

[KOTORITACHI] 배지
윗줄 왼쪽: 사랑앵무(연두색),
윗줄 가운데: 유리앵무(파란색),
윗줄 오른쪽: 왕관앵무(빨간색),
아랫줄 왼쪽: 벚꽃모란앵무,
아랫줄 오른쪽: 큰유황앵무Ⓚ

Ⓚ앵무새 상품 전문점 콤파말 Ⓜ디자인필 미도리 Ⓥ비전 퀘스트 (연락처는 198쪽)

머리말

앵무새 사육을 생각하는 분들께

앵무새는 몸집은 작지만 지능이 매우 높고 감정도 풍부한 동물입니다.
따라서 '작으니까 키우기 쉽겠지', '산책을 시키지 않아도 되니 편할 거야' 같은
안이한 생각으로 사육을 시작해서는 안 됩니다.
앵무새는 매우 섬세하기 때문에 꼼꼼하게 보살펴야 합니다.
게다가 생각보다 수명이 길어서 소형 앵무인 사랑앵무도 15년 가까이 살 때가 많습니다.
심지어 중형인 왕관앵무는 20년 이상, 회색앵무는 30~40년이나 삽니다.
따라서 자신의 삶이 앞으로 어떻게 달라질지 생각해보고,
끝까지 보살필 수 있는지 따져본 후에 결정하는 것이 좋습니다.
그런 마음가짐으로 사육한다면
앵무새는 좋은 동반자가 되어 당신의 삶을 한층 풍성하게 만들어줄 것입니다.

앵무새를 이제 막 데려온 분들께

우선 알아둘 점이 있습니다.
통칭 '앵무새'라고 하지만, 앵무새끼리도
종류에 따라서는 개와 고양이가 서로 다르듯 전혀 다를 수 있다는 것입니다.
개에게 고양이 밥을 주지 않듯이, 앵무새도 각각 먹는 음식이 다릅니다.
그러므로 자신의 앵무새에게 어떤 음식이 적합한지 반드시 알아두어야 합니다.
또 키우는 앵무새의 서식환경, 성격, 사육요령 등을 최대한 공부해두시기 바랍니다.
아는 만큼 애정도 깊어집니다.
그러나 역시 가장 중요한 것은 앞에서 충고했듯 끝까지 제대로 키우겠다는 각오일 것입니다.

—

에비스 버드 클리닉 원장
하마모토 마이

하마모토 마이(濱本麻衣)

에비스 버드 클리닉 원장. 라쿠노가쿠엔 대학 수의학부 졸업. 도쿄 대학교 동물의료센터에서 2년간의 레지던트 과정을 수료하고 요코하마 조류병원에서 3년간 수의사로 근무한 후 도쿄 도 시부야 구에 클리닉을 열었다. 조류에 대한 깊은 이해와 정확하면서도 친절한 서비스로 정평이 나 있어서 멀리서부터 찾아오는 애조인들도 많다. 대기실에 들어서면 원장이 직접 키우는 앵무새들이 반겨주는 따뜻한 병원이다.

차례

인기 앵무새 화보 • 6
신기한 앵무새 관련 상품 • 10
머리말 • 15

 **PART 1**
앵무새, 다른 집은 어떻게 키울까요?

앵무새와 함께하는 생활 CASE 1 앵무새 두 마리와의 멋진 생활을 인기 블로그로 공유합니다 • 22
앵무새와 함께하는 생활 CASE 2 앵무새들과 재즈세션처럼 마음을 주고받으며 살아요 • 30
앵무새와 함께하는 생활 CASE 3 31마리의 왕관앵무와 시끌벅적 즐겁게 살아요 • 38
앵무새와 함께하는 생활 CASE 4 우울하다가도 앵무새들과 있으면 힘이 나요 • 46
앵무새와 함께하는 생활 CASE 5 일본어와 영어로 숫자를 셀 줄 아는 회색앵무와의 대화를 즐겨요 • 50
앵무새와 함께하는 생활 번외편 원장님과 함께 버드클리닉에 출근하는 스타 앵무새 '듀오' • 58

 **PART 2**
앵무새는 어떤 동물일까요?

인기 앵무새 도감 | 소형에서 대형까지 37종 앵무새 • 66

 소형 사랑앵무 • **68** | 왕관앵무 • **70** | 벚꽃모란앵무(비눈테모란앵무) • **72** | 모란앵무(눈테모란앵무) • **73** | 빗창앵무 • **74** | 유리앵무 • **75** | 추초앵무 • **75**

| 중형 | 파인애플 그린칙 코뉴어 • 76 | 블랙캡 코뉴어 • 76 | 로즈크라운 코뉴어 • 76 | 목도리앵무 • 77 | 퀘이커앵무 • 77 | 미성앵무 • 77 | 펄리 코뉴어 • 77 | 더스키헤드 코뉴어 • 78 | 붉은어깨 금강앵무 • 78 | 블루헤드 파이오누스 • 78 | 막시밀리언 파이오누스 • 79 | 장수앵무 • 79 | 썬 코뉴어 • 79 | 더스키 파이오누스 • 79 | 브론즈윙 파이오누스 • 80 | 노랑머리 카이큐 • 80 | 검은머리 카이큐 • 80 | 화이트윙 패러킷 • 80 | 레드컬러 로리킷 • 81 | 케이프앵무 • 81 | 블랙캡 로리 • 81 | 세네갈 앵무 • 81 |

| 대형 | 붉은관 유황앵무 • 82 | 회색앵무 • 82 | 청모자 아마존앵무 • 82 | 솔로몬 유황앵무 • 82 | 황모자 아마존앵무 • 83 | 분홍관앵무 • 83 | 태백앵무 • 83 | 큰유황앵무 • 83 |

앵무새의 신체적 특징 • 84
앵무새의 성장 • 86
새끼부터 '할배새'까지, 앵무새의 성장달력 • 88
 ▌ S P E C I A L   T I P ▌ 잉꼬와 앵무새는 어떻게 다를까요? • 90
 ▌ S P E C I A L   T I P ▌ 앵무새 색깔에 따른 이름이 궁금해요! • 91

PART 3
앵무새 입양 전후, 이것만은 챙기세요

앵무새 사육, 이것만은 꼭 필요해요 • 94
어떤 앵무새가 나에게 맞을까요? • 96
건강한 앵무새를 선별하는 법 • 98
구비해야 할 사육용품 • 100
사육환경을 정비해주세요 • 103
앵무새를 맞아들인 첫날부터 10일까지 • 105
 ▌ S P E C I A L   T I P ▌ 앵무새 / 그것이 알고 싶다 Q&A ❶ • 107

PART 4
앵무새 관리, 이렇게 하세요

앵무새에게 필요한 시간대별 보살핌 • 110
앵무새가 있는 방의 온도와 습도 • 112
건강을 위해 일광욕과 목욕을 시켜주세요 • 114
하루 한 번 청소로 질병을 예방해주세요 • 116

앵무새 손질과 취급 • 118
앵무새의 발정도 관리하세요 • 120
앵무새의 집 보기와 외출 • 122
● 앵무새 번식시키기 & 새끼 키우기 ● 앵무새의 둥지 짓기: 가족을 늘리고 싶을 때 • 124 | 새끼를 건강하게 키우는 핸드피딩 방법 • 126 | 핸드피딩 후 먹이를 스스로 먹게 하는 법 • 128

PART 5
앵무새를 건강하게 만드는 음식

크기와 종에 따른 앵무새의 음식 • 132
횟수, 양 등 앵무새의 기본적인 식사법 • 134
앵무새의 주식 • 136
앵무새가 좋아하는 부식 • 138
앵무새의 간식과 피해야 할 음식 • 140
▌ S P E C I A L   T I P ▌ 앵무새의 비만에 주의하자 142

PART 6
앵무새의 습성과 기분

앵무새의 감각과 기분 • 146
앵무새의 지능과 인지력 • 148
행동으로 앵무새의 기분을 읽어요 • 150
① 고개를 가우뚱한다 | ② 기지개를 켠다 | ③ 우관을 세운다 | ④ 얼굴의 깃털을 부풀리고 몸을 좌우로 흔든다 | ⑤ 기분 좋게 지저귄다 | ⑥ 머리를 숙이고 다가온다 | ⑦ 횃대 위를 우왕좌왕한다 | ⑧ 꽁지깃을 크게 펼친다 | ⑨ 깃털을 다듬는다 | ⑩ 날개를 으쓱으쓱 흔든다 | ⑪ 부리를 달그락달그락 부딪친다 | ⑫ 머리를 상하로 흔들며 먹은 것을 토한다 | ⑬ 얼굴 털을 부풀리며 훅 하고 숨을 뱉는다 | ⑭ 날개를 펴고 새장에 매달린다 | ⑮ 횃대를 부리로 쫀다 | ⑯ 양쪽 날개를 펼쳐 퍼덕거린다 | ⑰ 등에 얼굴을 파묻는다
▌ S P E C I A L   T I P ▌ 앵무새 / 그것이 알고 싶다 Q&A ❷ • 155

PART 7
앵무새 길들이기 & 놀아주기

길들이려면 칭찬하세요 • 158
앵무새를 손에 태우는 훈련 • 160
앵무새와 통하는 '네 가지 명령어' 훈련 • 162
말하기를 가르치는 법 • 164
일반적인 문제행동과 대처법 • 166
    ① 울어대기 | ② 무는 버릇 | ③ 손을 무서워한다 | ④ 깃털을 뽑는다 | ⑤ 새장을 싫어한다 | ⑥ 가족을 공격한다 | ⑦ 공황에 빠진다
앵무새와 함께 즐겁게 놀아보아요 • 170
    ① 수건으로 하는 까꿍놀이 | ② 휘파람 불기 | ③ 계단 오르기 | ④ 술래잡기 | ⑤ 악수 | ⑥ 눈싸움 | ⑦ 페트병 뚜껑으로 딱지치기 | ⑧ 축구 | ⑨ 공중그네 | ⑩ 줄다리기 | ⑪ 손안에서 뒹굴뒹굴
❙ SPECIAL TIP ❙ 좋아하는 장난감을 찾아주세요! • 174

PART 8
앵무새의 질병과 건강관리, 반드시 알아두세요

앵무새의 건강에 관한 체크포인트 • 178
동물병원 선택 요령과 진료 받을 때 주의할 점 • 180
앵무새가 주의해야 할 질병 • 182
    〔호흡기 질환〕 비염 | 부비강염(부비동염) | 하기도부 질환 | 클라미디아 감염증 • 182
    〔소화기 질환〕 식체 | 소낭염 | 총배설강 탈출증 | 장염 | 메가박테리아 감염증 | 칸디다 감염증 | 트리코모나스 감염증 | 지알디아 감염증 | 헥사미타 감염증 • 183
    〔비뇨기 질환〕 신장 질환 | 신부전증 | 통풍 • 187
    〔내장 질환〕 간장 질환 | 내장 종양 | 당뇨병 | 췌장염 • 189
    〔생식기 질환〕 알막힘 | 난관 내 축란재증 | 난관염 | 난추성 복막염 | 난관 탈출증 | 낭포성 난소 질환 • 191
    〔영양과 대사에 관련된 질병〕 곱사병 | 비타민A 결핍증 | 각기병 | 페로시스 | 칼슘 결핍증 • 192
    〔피부와 깃털에 관련된 질병〕 바이러스성 깃털질환(PBFD) | 자교증 | 미지선염 | 옴 | 범블풋 | 피부 종양 • 193
❙ SPECIAL TIP ❙ ● 알아두세요! ❙ 긴급 상황 대처법 ● 출혈 | 골절 | 화상 | 열사병 | 중독 | 위험물 삼킴 • 196

알아두면 유용한 웹사이트 • 197

PART 1

앵무새, 다른 집은 어떻게 키울까요?

앵무새와
함께하는
생 활

CASE 1

앵무새 두 마리와의 멋진 생활을 인기 블로그로 공유합니다

휴일이면 앵무새들을 방 안에 풀어놓고 함께 놀아주는 '자유비행'을 즐긴다. 세키야 씨를 무척 따르는 앵무새 '주니오'.

＊'오치리' 클럽 http://sumirehagoromo.blog48.fc2.com/

세키야 레이코 씨

전 인테리어 디자이너.
앵무새와의 멋진 생활을 '오치리 클럽'이라는 블로그에 게재하는 유명 앵무새 중개인.

스미레

사랑앵무, 암컷 | 동거기간 4년

보라색 깃털이 아름다워서 이름을 '스미레'(일본어로 '보라색'이라는 뜻)라고 지어줬다.
쇠붙이처럼 반짝거리는 물건을 좋아한다.
특기는 '삑삑' 하는 전자레인지 소리 흉내 내기와 말하기다.

주니오

유리앵무, 수컷 | 동거기간 2년

세키야 씨의 친구가 기르던 유리앵무 부부가
열두 번째로 낳은 수컷이라서 이름을 '주니오'(十二男)로 지었다.
특기는 악수하기와 빙그르르 돌기.
해바라기씨 먹는 것을 무척이나 좋아한다.

첫눈에 반했던 보라색 앵무새 '스미레'

세키야 씨의 거실에 들어서자마자 서랍장을 개조하여 직접 꾸민 새장 코너가 눈에 들어온다. 세키야 씨는 "추울 때도 쾌적하게 지낼 수 있도록 비닐덮개를 만들었어요."라고 말한다. 아래 사진에서 왼쪽이 스미레, 오른쪽이 주니오의 집이다. "새장을 옆에 두긴 했지만 종류가 다른 두 마리를 한꺼번에 풀어놓지는 않습니다. 번갈아서 풀어놓죠." 스미레와 주니오는 멀지도 가깝지도 않은 관계다.

주니오의 새장은 세키야 씨가 제일 좋아하는 검은색이다. 안에는 주니오의 쉼터인 버드텐트와 장난감 등이 있다.

세키야 씨는 더 좋은 사육 환경을 위해 틈나는 대로 서점을 방문해 해외 앵무새 사육 잡지를 구입하는 것을 잊지 않는다.

따스한 느낌의 새장 코너. 나무틀 위에 씌운 비닐덮개는 세키야 씨가 만든 수제품이다.

세키야 씨는 몇 년 전에 다니던 회사를 퇴직하면서 새를 키우고 싶다는 생각을 했다. "처음에는 곱슬털 카나리아를 사려고 했어요. 그래서 작정하고 펫숍에 갔는데 곱슬털을 가진 앵무새도 있더군요. 게다가 제가 제일 좋아하는 보라색 새라 첫눈에 반했어요." 그것이 바로 스미레였다.

서랍장 앞에 걸린 패브릭 소품함에는 스미레와 주니오의 간식용 펠릿 사료와 곡물을 보관한다.

보온에 심혈을 기울인 스미레의 간호용 새장. 수의사에게 '완벽'하다는 평가를 받았다.

온도를 일정하게 유지해주는 온도조절기. 원래는 곤충용이지만, 앵무새들에게 더할 나위 없이 좋은 난방용품이다.

해외 인터넷몰에서 구입한 모이통. 새장 부착용 클립은 그대로 두고 통만 쏙 뺄 수 있어서 편리하다.

앵무새들의 취향에 따라 주방용 양념통에 모이를 구분하여 보관한다.

스미레용, 주니오용으로 분류해놓은 곡물과 펠릿 사료를 잘 배합한 후, 주방저울로 그날 먹을 분량만큼만 정확히 계량해서 넣어준다.

🐦 생각보다 쉬운 앵무새와의 의사소통

스미레와의 생활을 블로그에 게재하면서 유리앵무에게도 관심이 생겼다. 때마침 블로그를 통해 알게 된 친구의 집에서 유리앵무 세 마리가 태어났고, 세키야 씨가 그중 한 마리를 데려오게 되었는데, 그 앵무새가 바로 주니오다.

함께 생활해보니 두 앵무새와 의사소통이 생각했던 것보다 훨씬 쉬워서 깜짝 놀랐다고 말한다. "주니오는 저녁에 졸리면 '이제 잘까?' 하고 말합니다."

최근 1년 동안은 스미레가 몸이 좋지 않아 병원에 자주 다녀야 했다. 그래서 요즘은 앵무새들의 건강관리에 특별히 신경을 쓰고 있다. 아침 6시쯤 깨우고, 저녁 5시에는 새장을 침실로 옮긴 후 덮개를 씌워서 재운다. 세키야 씨는 "작지만 소중한 생명을 지켜주고 싶어요."라는 말에서 앵무새에 대한 깊은 사랑을 느낄 수 있다.

세키야 씨와 스미레&주니오의 하루

시간	세키야 씨	스미레 & 주니오
06:15	기상, 덮개 걷기	덮개가 걷히면 기상
06:45	남편 출근	
07:00	새장 두 개 거실로 이동, 모이 주기, 새장 청소, 집안일	거실의 새장 안에서 지내기
10:00	아침식사, 집안일, 장보기	
14:00	점심식사	
15:00	자유비행	교대로 30분씩 새장 밖에서 놀기
17:00	새장을 침실로 이동	침실의 새장에 덮개를 씌워 재움
21:00	남편 귀가, 함께 저녁식사	
23:00	취침	

세키야 씨의 실천!

앵무새와 마음이 잘 통하는 Tip

- 우는 소리, 표정, 제스처 등을 주의 깊게 관찰한다. "새는 표정이 없다."라고 말하는 사람이 있지만, 실제로는 표정이 대단히 풍부하다. 특히 웃는 얼굴은 알기 쉽다.
- 풀어주지 않았을 때도 새장 너머로 말을 걸거나 몸을 긁어주는 식으로 접촉한다.

말을 잘하게 되는 Hint

- 과장되게, 그리고 부드러운 목소리로 무조건 칭찬해주면 말을 많이 하게 된다.
- 항상 동요를 불러주거나 들려주고, 말을 건다. 특히 외우기 쉬운 말이나 노래는 되도록 높은 톤으로 말을 걸거나 노래한다.

남편의 손가락과 '악수'하는 주니오. 악수는 주니오의 특기다.

멋쟁이 스미레는 깃털 다듬기를 무척 좋아한다.

스미레가 좋아하는 바구니들.
스미레는 새장에서 나오자마자
이곳으로 직행한다.

악수를 잘하면 상으로
해바라기씨를 주어 보상한다.

이 집에 오기 전, 새끼 시절의 주니오.

스미레와 주니오의 깃털로 만든 귀걸이는
세키야 씨와 그녀 어머니의 합작품이다.

앵무새와
함께하는
생활

CASE 2

앵무새들과 재즈세션처럼 마음을 주고받으며 살아요

마미코 버드 씨

재즈 싱어, 작곡가 겸 가수.
미국에서 음악활동을 했던 경험을 살려
라이브 공연과 각종 파티의 라이브 연주, 작곡 활동을 하고 있다.

히요코쓰부리

왕관앵무 루티노, 수컷 | 동거기간 3년

책과 나무상자를 갉아서 너덜너덜하게 만드는 것이 특기.
껴안는 것은 별로 좋아하지 않지만 가만히 두면
스스로 마미코 씨의 손에 다가온다.

우즈라쓰쿠시

왕관앵무, 암컷 | 동거기간 3년

"아이, 착해라." 하고 머리를 쓰다듬어주는 것을 좋아한다.
취미는 마미코 씨와 합창하기.
성격은 약간 고양이 같아서 제멋대로인 데다 부끄럼을 탄다.

1년간의 펫로스(pet-loss) 증후군 끝에 맞이한 두 마리의 앵무새

4년 전, 마미코 씨가 오랫동안 키웠던 왕관앵무인 '쓰쿠네'가 아홉 살의 나이로 갑자기 죽고 말았다. 그 후 마미코 씨는 깊은 상실감에 빠져 1년의 세월을 눈물로 보냈다. 그야말로 심각한 펫로스 증후군을 겪었다. 그러던 어느날, 보다 못한 가족들이 백화점 반려동물 매장을 뒤진 끝에 두 마리의 왕관앵무를 데려왔다. 히요코쓰부리(이하 쓰부리)와 우즈라쓰쿠시(이하 쓰쿠시)는 그때부터 마미코 씨의 집에서 살게 되었다.

처음에는 두 마리를 한 새장에 넣었는데, 그러다 보니 쓰쿠시가 알을 자꾸 낳았다. "합해서 30개나 낳았는데 새끼가 한 마리도 부화되지 않았어요."라고 마미코 씨는 말한다. 그 후 수의사와의 상담을 거쳐 별도의 새장에서 키우게 되었고, 자유비행 역시 한 마리씩 교대로 하고 있다.

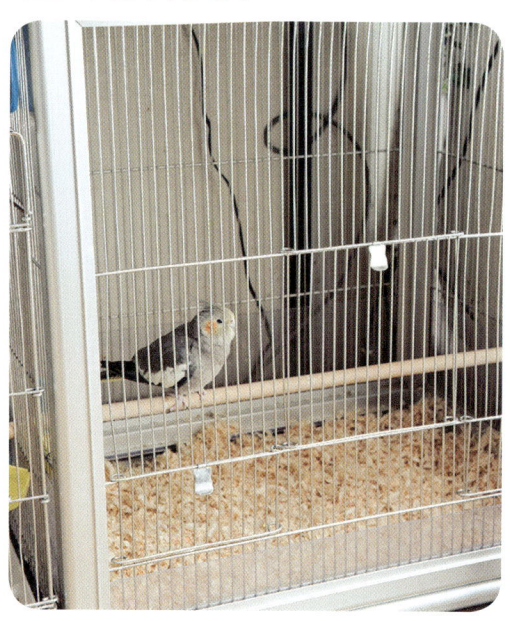

두 마리 모두 들어갈 수 있는 큰 새장을 마련했지만 지금은 쓰쿠시 혼자 지내고 있다.

쓰쿠시도 나무판자를 갉아대는 것을 무척 좋아한다.

쓰부리 & 쓰쿠시의 주된 생활공간은 마미코 씨의 작업실을 겸한 거실.

쓰부리의 새장은 쓰쿠시의 새장 바로 곁에 있다.

쓰부리가 좋아하는 오동나무 상자. 짧지 않은 시간을 갖으며 논다.

사육자가 아닌 서로 기대는 친구

재즈 라이브 연주에서는 말보다도 순간적인 '소리'나 '목소리', '표정', 심지어는 느낌이 더 큰 의미를 지닌다. 마미코 씨도 "재즈에서는 그런 것이 특히 중요해요."라고 말한다. 그런데 쓰부리와 쓰쿠시와의 대화 역시 음악과 비슷하다고 말한다.

"쓰부리와 쓰쿠시에게는 언제나 웃는 얼굴에 진심을 담아 '아이, 귀여워', '사랑해'라고 말해줘요. 두 녀석도 제 마음을 잘 이해하는 것 같고요. 그런데 이 녀석들은 저를 엄마나 사육자가 아니라 같은 무리에 속한 친구로 생각하는 모양이에요."

마미코 씨와 쓰부리, 쓰쿠시는 반려동물과 사육자가 아닌, 마음이 잘 통하는 친구 같은 관계다.

앵무새들의 밥은 곡물과 펠릿 사료. 영양보충을 위해 채소도 함께 먹는다.

마미코 씨가 손가락을 내밀자 쓰부리가 손가락 사이에 머리를 집어넣고 응석을 부린다.

간식으로 먹을 귀리도 책에 뿌려두면 알아서 잘 쪼아먹는다.

마미코 씨와 쓰부리 & 쓰쿠시의 하루

시간	마미코 씨	쓰부리 & 쓰쿠시
07:00	기상	기상
07:30	새장 청소, 모이 주기	
08:00	아침식사 집안일을 하며 앵무새들과 놀아주기	교대로 새장 밖에 나와서 놀기
12:00	점심식사	새장 안에서 지내기
13:00	노래 연습, 작곡	교대로 새장 밖에 나와서 놀기
17:00	일하러 외출	새장에서 지냄, 그대로 취침
00:00	귀가, 취침	

마미코 버드 씨의 실천!

앵무새와 마음을 주고받는 Tip
- 이름을 부르며 진심으로 칭찬할 때 앵무새는 자신이 칭찬받는다는 것을 알고 기뻐한다.
- 지저귀는 소리나 말 이외의 행동(보디랭귀지)을 무심히 넘기지 말고 "기분이 좋아 보이네!", "이리 오고 싶니?"라고 반응해준다.

말을 잘하는 앵무새로 키우는 Hint
- 가능한 한 높은 목소리로, 애정을 듬뿍 담아 말을 건넨다.
- 앵무새가 듣기에 기분 좋은 말을 해준다("사랑해." "이리 와." 등).
- 앵무새가 말을 할 때마다 그냥 지나치지 않고 반드시 반응해준다.

2개 국어, 아니 앵무새의 말까지 3개 국어를 구사하는 마미코 씨.

매일 주방저울로 체중의 변화를 체크한다.

좋아하는 장난감인 면봉을 입에 물고 노는 쓰부리.

쓰쿠시가 커다란 솔방울을 바라보고 있다.

이 독특한 새 장식품은 손님의 선물이다.

앵무새와
함께하는
생　　활

CASE 3

31마리의 왕관앵무와 시끌벅적 즐겁게 살아요

이소노 나오코 씨

전업주부.
왕관앵무들을 보살피는 삶에 행복을 느낀다.
수예를 좋아해서 왕관앵무를 표현한 패치워크 작품을 만들거나 앵무새 관련 소품을 수집하는 중이다.

바닐라

왕관앵무, 수컷 | 동거기간 4년
왕관앵무 무리의 대장 격이다.
펫숍에서 새로운 앵무새를 고를 때는 반드시 바닐라를 데려가서 상견례를 시킨다.

시나몬

왕관앵무, 암컷 | 동거기간 4년
품종이 시나몬 파이드여서 이름을 '시나몬'으로 지었다.
지금까지 낳은 알에서 한 번은 세 마리, 또 한 번은 네 마리의 새끼가 태어났다.
새끼들의 아버지는 바닐라다.

펄

왕관앵무, 암컷 | 동거기간 4년
화이트 페이스 펄 품종이라서 이름을 '펄'로 지었다.
새장에서 나와 거실을 날아다니는 것을 좋아한다. 흥분이 좀 가라앉으면 이소노 씨의 어깨에 앉아 쉰다.
성격은 흡사 고양이 같아서 제멋대로인 데다 부끄럼을 탄다.

처음 들어온 세 마리,
바닐라, 시나몬, 펄.

거실과 연결된 왕관앵무 전용 방. 중앙에 두 개의 새장이 있다.

앵무새들은 사육자를 무척 좋아한다. 이들은 서로 위로가 되는 존재다.

앵무새 31마리를 위해 앵무새 방을 따로 만들었다

이소노 씨의 거실에서 이어진 방에 들어서면 거대한 두 개의 새장이 눈에 제일 먼저 들어온다. 새장 안에는 수많은 왕관앵무가 있다. 아래 사진 중 위쪽 수컷 새장에는 16마리, 아래 암컷 새장에는 15마리가 있으며, 총 31마리의 대가족이다.

"이 방은 원래 다다미방이었지만 왕관앵무들을 위해 바닥을 새로 깔고 벽지도 미키마우스 무늬로 바꿨어요." 이소노 씨의 말이다. 왜 미키마우스로 골랐는지 물었더니 "휘파람으로 미키마우스 테마곡 흉내를 잘 내는 녀석이 있거든요."라고 말한다.

앵무새 방에는 먹이를 보관하기 위한 전용 냉장고와 청소기까지 있다. "이만큼 앵무새가 많으면 깃털과 파우더(84쪽) 양도 상당합니다." 그래도 이소노 씨가 꼼꼼히 청소하는 덕분에 실내는 항상 청결하다.

수컷들의 새장은 이곳이다.

암컷들의 새장 모습.

🐦 한 마리, 한 마리 모든 새가 사랑스럽다

이소노 씨와 왕관앵무들은 4년 전에 처음 만났다. 당시에는 아파트에서 살았던 탓에 개나 고양이를 기를 수 없었다. "새는 괜찮다니 문조라도 기를까?" 하는 남편의 제안을 받아들여 대형마트의 펫코너를 찾았다. 거기서 생후 2개월의 앵무새 세 마리를 발견하여 그중 두 마리를 집으로 데려왔다. 그런데 나머지 한 마리가 마음에 계속 걸렸던지라 이틀 후에 다시 가서 마저 데려왔다. 그래서 세 마리 모두 이소노 씨의 가족이 되었다.

그 후 색과 무늬가 다른 앵무새를 계속 사들이다 보니 처음에 네 마리였던 것이 1년도 지나지 않아 열한 마리가 되었다. "저희 둘 다 왕관앵무의 매력에 푹 빠진 거죠." 머잖아 암컷들이 알을 낳기 시작했고, 그 알에서 새끼가 태어나 앵무새 가족은 31마리까지 늘어났다. "그런데 하나하나가 다 귀여워요." 이소노 씨는 그중 단 한 마리도 놓치고 싶지 않다고 말한다.

오늘의 간식은 풋콩. 모두가 좋아하는 음식이다.

아침에 넣어준 펠릿 사료를 저녁이 되기 전에 다 먹어치우기도 한다.

앵무새들의 먹이는 앵무새 방에 있는 전용 냉장고에 보관한다.

이소노 씨와 왕관앵무들의 하루

시간	이소노 씨	왕관앵무들
06:30	기상, 새장 청소와 모이 주기	새장 덮개가 열리면 기상
08:00	아침식사, 집안일	새장 속에서 지내기
12:00	점심식사	
16:00		새장 안에서 간식 받아먹기(펠릿 사료와 콩)
19:00	저녁식사	
20:00		새장 밖으로 나와 놀기
23:00	취침	새장에 덮개가 씌워지면 취침

이소노 씨의 실천!

앵무새와 마음을 주고받는 Tip

- 매일 공평하게 31마리의 이름을 부르고 말을 건다. 아침마다 "좋은 아침!"이라고 인사해준다.
- 못된 행동을 했을 때는 단호한 목소리와 엄격한 표정으로 "안 돼."라고 말한다. 그러면 앵무새도 알아듣는다.
- 손가락으로 머리를 쓰다듬거나 코로 배를 문지르는 등 스킨십을 자주 해준다.

말을 잘하는 앵무새로 키우는 Hint

- 왕관앵무는 말은 서툴지만 휘파람 소리를 잘 낸다. 그래서 휘파람으로 자주 대화한다.
- TV를 항상 켜놓는다. 좋아하는 광고가 나올 때마다 머리를 흔들며 장단을 맞추는 녀석도 있다.

이번에 태어날 새끼는 어떤 색깔일지 두근두근 설렌다.

어깨에 펄이 올라타도 전혀 놀라지 않는 아마네.

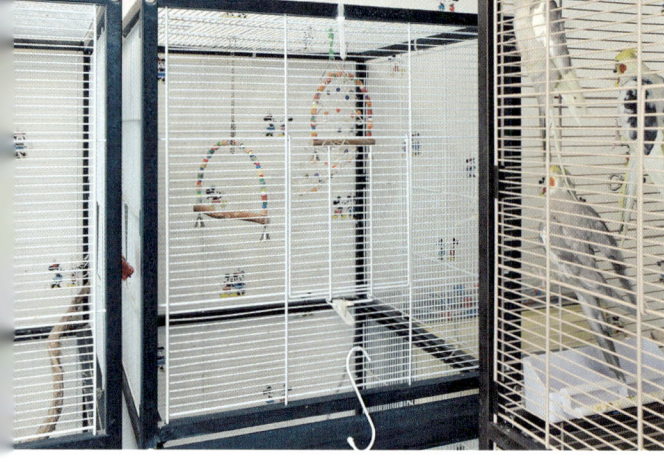

아프거나 다이어트가 필요한 새를 위한 '특별 새장'.

앵무새들과 동거하는 큰부리새 '초코 도령'.

처음에 세 마리를 데려왔을 때 이소노 씨가 만든 패치워크.

앵무새와
함께하는
생활

CASE 4

우울하다가도 앵무새들과 있으면 힘이 나요

다나카 씨는 매일 퇴근 후에 새장을 청소하고 모이를 준 뒤 자유비행 시간을 갖는다.

다나카 유메미 씨

사랑앵무를 무척 좋아하는 대학교 4학년생.
사육 경력은 6년.
현재는 3대째인 '우미', 4대째인 '소우' 두 마리와 동거 중이다.

우미

사랑앵무, 암컷 | 동거기간 5년

제멋대로 먹고 자기, 다나카 씨와 놀기를 좋아한다.
다나카 씨가 소우와 놀고 있으면 날아와서 화를 내며 질투한다.

소우

사랑앵무, 암컷 | 동거기간 2개월 반

생후 4개월 반 된 응석받이로 외로움을 많이 탄다.
아직 말은 못하지만 지저귀는 목소리가 아름답다.

🐦 앵무새들에게 위로받고 원기 충전!

다나카 씨는 고등학교 1학년 여름부터 앵무새를 길렀다. "겉모습도 귀엽지만 키워보니 감정도 정말 풍부하고 마음이 잘 통해서 놀랐어요." 다나카 씨의 말이다. 부르면 날아오는 것도 귀엽고, 때로는 반항하는 모습조차 사랑스럽다.

하지만 앵무새를 키우면서 무엇보다 좋은 점은, 아무리 우울해도 앵무새들과 부대끼다 보면 힘이 난다는 것이다. "힘든 일이 있어도 이 녀석들을 봐서 떨치고 일어나야겠다는 생각이 들어요."

지금까지 병으로 죽거나 날아서 도망쳐버린 앵무새들 때문에 속상한 적도 많았다. 하지만 지금까지 앵무새를 기를 수 있었던 것은 앵무새들이 다나카 씨에게 힘의 원천 같은 존재이기 때문이다.

하루에 30분인 자유비행 시간. 이때 다나카 씨가 스마트폰을 들여다보자 우미가 놀아달라는 듯이 다가온다.

새장 두 개를 나란히 놓았더니 소우가 우미의 새장과 가까운 쪽의 철망에 자꾸 매달린다. 하지만 우미는 소우에게 관심이 없다.

아직 손가락에 앉지 못하는 소우. 손에 살며시 쥐면 다나카 씨의 손가락을 깨문다. 아직 힘 조절이 안 되어서 그런지 꽤 아프다.

낮 동안 앵무새들은 거실에서 지낸다. 소우는 괜찮지만 우미는 추위에 약해서 겨울에는 난방이 필수다.

다나카 씨와 우미 & 소우의 하루

시간	다나카 씨	우미 & 소우
07:00	기상, 새장 두 개 거실로 이동, 모이 주기, 아침식사	새장 덮개가 벗겨지면 기상
10:00	등교	
12:00		창가에서 일광욕하며 지내기
17:00	귀가, 새장 청소, 모이 주기	
17:30	자유비행 시간	30분 정도 새장 밖에서 놀기
18:00	새장을 방으로 이동	다나카 씨의 방에서 새장에 덮개가 씌워지면 취침
20:00	저녁식사	
01:00	취침	

다나카 씨의 실천!

앵무새와 마음을 주고받는 Tip

- 함께 있는 시간은 적지만, 한 마리 한 마리에게 말을 걸어 '내가 너희를 잊지 않았다'는 것을 인식시킨다.
- 앵무새가 무언가 소리를 내면 뜻을 모르더라도 무조건 반응한다("왜, 무슨 일이야?" 하는 식으로).
- 앵무새가 화가 났을 때의 표정과 상황을 잘 기억해두었다가 같은 상황이 반복되지 않도록 한다.
- '평소와 다른' 소리를 낸다면 무언가 호소하려는 것이니 절대 무시하지 않는다.

앵무새와
함께하는
생활

CASE 5

일본어와 영어로
숫자를 셀 줄 아는
회색앵무와 대화를 즐겨요

아버지, 어머니와 토지까지, 가와미 가족이 한데 모였다.

가와미 유 씨

동물병원 간호사. 에비스 버드 클리닉 근무.
어릴 때부터 새를 길러온 앵무새 전문가.
쿠키와 케이크 만들기가 취미인 터라 앵무새 모양 쿠키도 종종 만든다.

요지

회색앵무, 수컷 | 동거기간 10년
열 살인 지금도 새로운 단어를 배우는 것을 무척 좋아한다.
새로운 단어를 외울 때는 가족에게 등을 돌리고 앉아
혼자 중얼거리면서 연습한다고.

🐦 일주일 고민한 끝에 한 가족이 된 회색앵무

가와미 씨는 어릴 때부터 새를 특히 좋아했다. "유치원 때부터 사랑앵무, 문조, 모란앵무, 왕관앵무 같은 새들을 길렀어요. 새 없이 생활한 적이 없을 정도였죠."

가와미 씨와 요지는 가와미 씨가 아직 학생이던 시절에 만났다. 당시 키우던 왕관앵무의 짝을 찾으려고 펫숍을 방문했다가 아직 새끼였던 요지를 발견한 것이다. 그때 가와미 씨는 처음 본 회색앵무에게 운명적으로 끌렸다고 한다. 그래도 회색앵무는 대형인지라 그 자리에서 결정하지 못하고 일단 집으로 돌아왔다. "그때부터 매일같이 책을 보며 회색앵무가 어떤 새인지 공부했고, 과연 내가 키울 수 있을지 곰곰이 따져보았어요. 가족도 설득했고요."

그리고 그녀는 일주일 만에 고민을 끝내고 요지를 데려왔다. 그로부터 10년이 지난 지금, 요지는 명실상부한 가와미 가족의 일원으로 활약하고 있다.

요지의 새장은 햇빛이 잘 드는 가와미 씨의 방에 자리하고 있다.

부식과 간식은 늘 새장 안에서 먹는다. 오늘은 딸기를 냠냠.

회색 깃털에 반쯤 가려진 붉은 꽁지깃이 매력 포인트이다.

옆 새장에는 이 집에서 터줏대감으로 9년째 거주 중인 왕관앵무 고지가 있다. 자유비행은 따로따로 한다.

반항기에는 사람을 갑자기 물기도 해요

가와미 씨는 조류병원의 간호사로 매우 바쁜 나날을 보내고 있다. 매일 귀가시간은 밤 10시 이후. 그때서야 새장도 청소하고 펠릿 사료도 갈아주며 요지와 시간을 보낸다. 가와미 씨와 요지는 사람끼리 하듯 대화할 수 있다고 한다. "요지는 숫자를 1부터 10까지 셀 줄 알아요. 그것도 일본어와 영어로! 제가 '일, 이, 삼'이라고 말하면 요지는 'four'라고 답하죠. 친척들이 왔을 때는 가족들을 하나하나 구분해서 이름을 부르는 통에 모두 놀랐답니다." 그런데 가와미 씨는 요즘 반항기인 요지 때문에 고민이 많다. 네 살이 되면서부터 갑자기 사람을 물기 시작한 것이다. "책을 보니 새에게도 반항기가 있다고 하더군요. 그래도 물리면 상당히 아파요." 다행히 간식을 줄 때는 물지 않으니, 그만큼 머리가 좋다는 뜻이다. 가와미 씨는 그런 요지를 생활의 동반자로 삼아 인생을 즐기고 있다.

요지는 오른발잡이. 오른발로 능숙하게 귤을 먹는다.

가장 좋아하는 간식은 껍질째 먹는 완두콩. 브로콜리는 데쳐서 준다.

주식인 펠릿 사료에 간식인 과일 맛 펠릿과 좁쌀 이삭.

가와미 씨와 요지의 하루

시간	가와미 씨	요지
07:00	기상	기상, 가와미 씨와 대화하기
08:00	출근	새장에서 지내며 어머니와 대화하기, 새장에서 어머니가 주는 간식 먹기
22:00	귀가	자유비행
22:30	새장 청소와 모이 교환, 부식 주기	가족과 함께 놀기
00:00		새장으로 돌아가기, 취침
02:00	취침	

가와미 씨의 실천!

앵무새와 마음을 주고받는 Tip

- 4~5세 아이를 대하듯 상냥한 말투와 쉬운 단어를 쓴다.
- 무는 등 나쁜 행동을 하면 "안 돼." 하고 엄하게 말하고 한동안 무시한다.
- 가족 모두 말상대가 되어준다(반려동물이 아닌 가족의 일원으로 대우한다).

말을 잘하는 앵무새로 키우는 Hint

- 가르치고 싶은 말이 있을 때는 그 말만 분명하게 전달하고 쓸데없는 말을 보태지 않는다.
- 일광욕을 시킬 때마다 그날의 날씨를 보고 "따뜻해." "추워."라고 말해준다(그러면 따뜻한 날에 "따뜻해."라고 말하게 된다).

부리로 골프공을 데굴데굴 잘도 굴린다.

요지는 아버지를 무척 잘 따른다.
그런데도 가끔 손가락을 무는데, 잘못 물리면 꽤나 아프다.

아버지의 열쇠고리에는 회색앵무 마스코트가 달려 있다.

가와미 씨가 구운 왕관앵무 모양 쿠키.

가와미 씨와 대화를 즐기는 요지.
요지는 새로운 말 배우기를 좋아한다.

앵무새와
함께하는
생활

번외편

원장님과 함께
버드 클리닉에 출근하는
스타 앵무새 '듀오'

에비스 버드 클리닉
하마모토 마이 원장

소형 조류와 소형 동물을 주로 취급하는 동물병원 에비스 버드 클리닉의 원장.
보노, 고후지 외에도 원내에서 사랑앵무, 토끼, 남생이를 기르고 있다.

고후지

막시밀리언 파이오누스, 수컷 | 동거기간 8년
클리닉 개업을 축하하기 위해 친구들이 선물한 앵무새.
추정 연령 10세.
무는 버릇을 고치고 나서는 주변의 귀여움을 독차지하고 있다.

보노

블루헤드 파이오누스, 수컷 | 동거기간 8년
간질환 때문에 클리닉에 오래 입원했다가 완쾌되면서 클리닉에 양도되었다.
추정 연령 9세.
과일을 무척 좋아한다.

🐦 앵무새가 직원들과 함께 접수대에서 환자를 맞이해요

이 책을 감수한 하마모토 마이 원장은 매일 아침 막시밀리언 파이오누스인 고후지와 블루헤드 파이오누스인 보노를 데리고 클리닉에 출근한다.

이유는 두 마리 모두 마이 원장과 떨어지려 하지 않아서다. 고후지와 보노는 원장과 함께 있으면 괜찮은데 주변에 사람이 없거나 새장에만 계속 넣어두면 외로워서 그런지 짜증을 낸다고 한다.

둘은 주로 진료실 옆방의 새장에서 지내지만 직원들과도 사이가 좋아서 진료시간 중에 접수대의 마스코트로 활약할 때도 많다.

진료시간 후에도 입원한 새들을 돌봐야 하는 마이 원장은 가끔은 날짜가 바뀔 때까지 일을 끝내지 못할 때도 있다. 근처의 집에서는 잠만 자기 때문에 앵무새들이 편하게 느끼는 장소는 아무래도 클리닉일 듯하다.

진료실 옆의 새장 방.

진료시간 틈틈이 자유비행 시간을 갖는다. 원장님도 새도 둘 다 즐거워 보인다.

앵무새 두 마리를 각각의 새장에 넣어서 클리닉에 출근시킨다.

에비스 버드 클리닉과 고후지 & 보노의 하루

시간	에비스 버드 클리닉	고후지 & 보노
09:00	직원 출근	
09:30	마이 원장 출근	원장님과 함께 출근
10:00	진료 개시	새장에 머물거나 접수대에서 마스코트로 활약
13:00	검사나 수술이 없는 시간에 점심식사	새장에서 지냄
17:00	오후 진료 개시	새장에 머물거나 접수대에서 마스코트로 활약
20:00	진료 종료	
20:30	직원 퇴근	
21:00	입원환자를 진료하며 비는 시간에 저녁식사	원장님과 놀거나 새장에서 취침
01:00	마이 원장 귀가	원장님과 함께 귀가

하마모토 원장의 실천!

앵무새와 마음을 주고받는 Tip

● 최대한 함께 있으면서 '이 사람과 있으면 안전하다'고 느끼게 만든다.

● 앵무새의 감정은 표정에 다 드러나므로 표정의 변화를 세심하게 관찰하자. 단, 관찰당하는 것을 눈치채면 스트레스를 받으니 드러내놓고 보지 말 것.

● 앵무새의 의사를 존중하고 사람이 원하는 것을 강요하지 않는다. 기분이 나빠 보이거나 귀찮아한다면 끈질기게 요구하지 말고 지켜본다.

말을 잘하는 앵무새로 키우는 Hint

● 하나의 말을 반복하여 가르치기보다 다양한 말을 들려준다. 앵무새가 그중에서 흥미 있는 단어를 골라 따라 하기 시작할 것이다.

직원과 함께 환자들을 반갑게 맞는 앵무새들.

고후지의 간식은 펠릿 사료를 동그랗게 뭉쳐서 굳힌 것을 준다.

제일 좋아하는 귤을 냠냠 먹고 있는 보노.

대기실에는 귀여운 새 장식품들이 많다.

책장의 전용 공간에서 잠시 휴식 중이다.

앵무새는
어떤 동물일까요?

앵 무 새 의   종 류

인기 앵무새 도감
소형에서 대형까지 37종 앵무새

 회색앵무

 벚꽃모란앵무

 모란앵무

앵무새의 고향은 어디일까?

전 세계에는 300종 이상의 앵무새가 있는 것으로 알려져 있다. 서식지는 주로 아시아, 아프리카, 남아프리카, 호주, 폴리네시아 등 비교적 온난한 지역이다. 그러나 최근에는 애완조 인기가 높아지며 다양한 앵무새가 반려조로 수입되어 그 종류와 수를 파악하기 어려운 상황이다.

앵무새 분포도
(대표적인 종)

아프리카

호주

남미

 사랑앵무

 블루헤드 파이오누스

 왕관앵무

 빗창앵무

 추초앵무

 유리앵무

소형 | **사랑앵무(녹색잉꼬)** Budgerigar / Melopsittacus undulatus / セキセイインコ

분류 | 목도리앵무과(Psittaculidae) 앵무새속(Agapornis)
분포 | 호주 전역
전장 | 약 20cm
수명 | 7~13년

소형 앵무새 중 가장 대중적인 품종이다. 야생에서는 무리를 지어 살며, 다른 새와도 사이좋게 지내는 편이다. 사람을 잘 따르기 때문에 옛날부터 손에 태우는 앵무새로 기르는 사람이 많았다. 색과 형태가 다양하고 언어능력이 뛰어날 뿐 아니라 비교적 튼튼하고 울음소리도 작은 편이어서 초보자가 키우기에 좋다.

엘로페이스 오팔린 블루

엘로페이스 블루 노멀

4색 할리퀸 머브

엘로페이스 팰로우 머브

오팔린 블루

● 전장은 머리끝에서 꽁지 끝까지의 길이를 나타냄.
● 주황색으로 표기된 명칭은 깃털 색을 나타냄.
● 여기 나온 전장과 수명은 평균치로, 개체에 따라 다소 차이가 있음.

옐로페이스 오팔린 바이올렛

블루 파이드

깃옷(우의羽衣) 사랑앵무
Japanese-crested budgerigar /
Melopsittacus undulatus / ハゴロモセキセイインコ

날개 부분의 털이 곱슬곱슬한 사랑앵무로
일본에서 개량한 품종이다.
이처럼 머리와 등, 날개 부분이 곱슬털로 뒤덮인
사랑앵무를 통칭해 '예물藝物앵무'라고도 부른다.

옐로페이스 스팽글그린

블루 파이드

블루팩터

대형 사랑앵무

몸길이가 23cm 전후로
일반 사랑앵무보다 훨씬 크다.
머리(이마)가 튀어나와 있어서
눈이 움푹 들어간 것처럼 보인다.

소형 | 왕관앵무 Cockatiel / Nymphicus hollandicus / オカメインコ

왕관앵무는 중형으로 분류되기도 한다.

분류 | 앵무과(Psittacidae) Pionites속
분포 | 호주 내륙
전장 | 30~35cm
수명 | 15~25년

특유의 우관羽冠(머리 위의 관 같은 깃털)과 주황색 뺨, 긴 꽁지깃이 특징이다. 말은 잘 못하지만 리듬감이 좋아서 휘파람 소리를 잘 흉내낸다. 온순하고 정이 많으며 사람을 잘 따르기 때문에 인기가 높다. 그러나 겁이 많아서 갑자기 큰 소리가 나거나 새장이 흔들리면 금세 공황에 빠져 푸드덕댄다. 이 현상은 '왕관앵무 패닉'이라는 이름으로 잘 알려져 있다.

노멀
사진의 개체는 암컷.
수컷은 얼굴이 진홍색이다.

화이트페이스 펄

루티노

70

 # 소형 | 벚꽃모란앵무(비눈테모란앵무) rosy-faced lovebird / Agapornis roseicollis / コザクラインコ

분류 | 목도리앵무과(Psittaculidae) 앵무새속(Agapornis)
분포 | 아프리카 남서부
전장 | 15~17cm
수명 | 10~12년

꽁지가 짧고 체형은 전체적으로 둥그스름하며 커다란 검은자위와 부리부리한 눈매가 특징이다. 말은 서툴지만 활달하고 사람과 잘 친해지며 행동거지가 사랑스러워서 인기가 많다. 배우자에게 깊은 애정을 품으므로 한번 사육자가 배우자로 각인되면 긴밀한 관계를 구축할 수 있다. 한편 세력권에 대한 경계심이 강하여 배우자 이외의 상대에게는 공격적인 모습을 보인다.

루티노 오팔린

올리브 파이드

애플그린 오팔린

노멀(고사쿠라)

루티노

타이거 체리 (골든 체리)

소형 | 모란앵무(눈테모란앵무/니아사사랑새) Lilian's Lovebird / Agapornis lilianae / ボタンインコ

분류 | 목도리앵무과(Psittaculidae) 앵무새속(Agapornis)
분포 | 아프리카 동부에서 남부
전장 | 14~15cm
수명 | 10~12년

벚꽃모란앵무와 마찬가지로 배우자와는 사이가 아주 좋다. 몸집은 벚꽃모란앵무보다 약간 작으며 성격은 내성적이고 예민한 편이다. 화려한 깃털 색과 눈 주변의 흰 테가 특징이다. 말은 서툴지만 사람의 목소리나 기타 소리를 잘 흉내 낸다.

페르소나타 그린

옐로 피셔

페르소나타 다크바이올렛

버터컵

알비노

'러브버드'는 어떤 새일까?

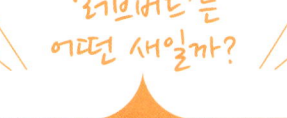
러브버드란 벚꽃모란앵무와 모란앵무 등 모란앵무를 총칭하는 말이다. 짝에게는 깊은 애정을 품고 서로 사이좋게 지낸다. 두 마리가 바짝 다가서면 하트 모양을 이룬다고 해서 '러브버드'로 불린다.

 # 소형 | **빗창앵무(사자나미)** Barred Parakeet / Bolborhynchus lineola / サザナミインコ

분류 | 앵무과(Psittacidae) 빗창앵무속(Bolborhynchus)
분포 | 중미에서 남미
전장 | 약 16cm
수명 | 약 12년

깃털 모양이 물결처럼 보여서 일본에서는 '사자나미(잔물결)'로 불린다. 앞으로 기울인 자세를 취할 때가 많은데, 그 자세로 걷거나 모이를 쪼아 먹는 모습이 귀여워서 인기가 많다. 목소리는 청아하고 성격은 온순하다. 또 언어능력이 뛰어나고 스킨십을 좋아한다. 한편 물기가 많은 변을 자주 보고, 때론 소화되지 않은 변을 배출하기도 하니 펠릿 사료(Part 5. 참조)를 주식으로 먹이는 것이 좋다.

그린 스팽글

블루 스팽글

그린팩터 스팽글

노멀

머브

소형 | 유리앵무(쇠유리앵무) Pacific parrotlet / Forpus coelestis / マメルリハインコ

분류 | 앵무과(Psittacidae) 유리앵무속(Forpus)
분포 | 에콰도르, 페루
전장 | 약 13cm
수명 | 약 20년

몸집이 작은 데 비해 힘이 세고 활발하다. 말은 서툴지만 독특한 행동거지가 사랑스러워서 최근 들어 인기를 얻고 있다. 드세고 공격적인 면이 있으며 무는 힘도 강해서 손가락을 물리면 위험하니 주의해야 한다.

블루

노멀(수컷)

노멀(암컷)

 ## 소형 | 추초앵무(부케도라지앵무) Bourke's Parrot / Neopsephotus bourkii / アキクサインコ

분류 | 목도리앵무과(Psittaculidae) 추초앵무속(Neopsephotus)
분포 | 호주 내륙
전장 | 약 19cm
수명 | 약 15년

성격이 온순하며 새끼 때부터 사육하면 사육자를 잘 따른다. 혼자 하는 놀이보다 사람과의 스킨십을 좋아한다. 목소리는 작고 가냘프다.

중형

중형 앵무새는 개성이 뚜렷하고 색상과 외형이 다채로워 최근 들어 인기가 점점 높아지고 있다. 그러나 소형 앵무새에 비해 몸집이 큰 중형 앵무새를 구입하려면 큰 공간과 중형용 새장과 횃대가 필요하다.

파인애플 그린칙 코뉴어
Pyrrhura molinae / Green-cheeked Parakeet / ホオミドリアカオウロコインコ

분류	앵무과(Psittacidae) Pyrrhura속
분포	브라질 중서부
전장	약 25cm
수명	약 20년

활달한 성격으로 사육자를 잘 따르나 부리 힘이 강하니 물리지 않도록 주의하자.

블랙캡 코뉴어
Black-capped Parakeet / Pyrrhura rupicola / イワウロコインコ

분류	앵무과(Psittacidae) Pyrrhura속
분포	남미
전장	약 25cm
수명	15~20년

목 주변에 흰 깃털이 섞여 있어서 아름다운 비늘처럼 보이는 것이 특징.

로즈크라운 코뉴어
Rose-crowned parakeet / Pyrrhura rhodocephala / バライロビタイウロコインコ

분류	Psittacidae(앵무과) Pyrrhura속
분포	페루 동부
전장	약 22cm
수명	약 25년

이름처럼 얼굴이 아름다운 장미색을 띤다. 어리광을 잘 부리고 스킨십을 무척 좋아한다.

목도리앵무
Rose ring-necked(ringed) parakeet / Psittacula krameri / ワカケホンセイインコ

분류 | 목도리앵무과(Psittaculidae) Psittacula속
분포 | 인도, 스리랑카
전장 | 약 40cm
수명 | 약 25년

소탈하고 익살스러운 몸짓 때문에 인기가 많은 반면에 목소리가 크고 약간 신경질적이다.

블루 클리어테일

퀘이커앵무
Monk Parakeet / Myiopsitta monachus / オキナインコ

분류 | 앵무과(Psittacidae) 녹색쇠앵무속(Myiopsitta)
분포 | 남미
전장 | 약 29cm
수명 | 약 15년

말도 잘하고 주변의 소리도 잘 흉내 낸다. 성격은 온순하나 목소리가 크다.

블루

미성앵무
Red-rumped parrot / Psephotus haematonotus / ビセイインコ

분류 | 목도리앵무과(Psittaculidae) 미성앵무속(Psephotus)
분포 | 호주 동남부
전장 | 약 27cm
수명 | 약 15년

겁이 많고 예민한 편이다. 지나치게 간섭하면 스트레스 때문에 건강이 나빠지기도 한다.

시나몬 오팔린

펄리 코뉴어
Pyrrhura lepida / Pearly parakeet / アオシンジュウロコインコ

분류 | 앵무과(Psittacidae) Pyrrhura속
분포 | 남미
전장 | 약 23cm
수명 | 약 15년

깃털의 배색이 아름답고 놀기를 무척 좋아한다.

더스키헤드 코뉴어
Dusky-headed parakeet / Aratinga weddellii / シモフリインコ

분류 | 앵무과(Psittacidae) Aratinga속
분포 | 콜롬비아 남동부
전장 | 약 28cm
수명 | 약 15년

말은 서툴다. 놀기를 좋아하면서도 차분한 성격이다.

붉은어깨 금강앵무(한스 마카우)
IDiopsittaca nobilis / Red-shouldered Macaw / コミドリコンゴウインコ

분류 | Psittacidae(앵무과) Diopsittaca(붉은어깨금강앵무속)
분포 | 베네수엘라
전장 | 약 31cm
수명 | 약 30년

말도 잘하고 주변의 소리를 잘 흉내 낸다.
사람을 잘 따르며 어리광을 잘 부린다.

블루헤드 파이오누스
Blue-headed Parrot / Pionus menstruus / アケボノインコ

분류 | 앵무과(Psittacidae) 파이오누스속(Pionus)
분포 | 브라질, 페루
전장 | 약 28cm
수명 | 약 25년

새장 밖에서 노는 것을 무척 좋아한다. 응석받이인 데다 약간 예민한 성격이다.

막시밀리언 파이오누스
Scaly-headed Parrot / Pionus maximiliani / アケボノインコモドキ

분류 | 앵무과(Psittacidae) 파이오누스속(Pionus)
분포 | 브라질
전장 | 약 28cm
수명 | 약 25년

블루헤드 파이오누스와 비슷하지만 머리가 파란색이 아닌 점이 다르다.

장수앵무
Red Lory / Eos bornea / ヒインコ

분류 | 목도리앵무과(Psittaculidae) Eos속
분포 | 인도네시아
전장 | 약 28cm
수명 | 약 25년

밝고 활달하며 말도 잘하지만 부리 끝이 뾰족하니 물리지 않도록 주의하자.

썬 코뉴어 Sun Parakeet / Aratinga solstitialis / コガネメキシコインコ

분류 | 앵무과(Psittacidae) Aratinga속
분포 | 베네수엘라 남동부
전장 | 약 30cm
수명 | 약 15년

화려한 색상이 특징으로 인기가 많다. 놀기를 좋아하고 사람을 잘 따르며, 혼자 두면 사람을 부르기 위해 큰 소리로 울어대는 습성이 있다.

더스키 파이오누스
Dusky Parrot / Pionus fuscus / スミレインコ

분류 | 앵무과(Psittacidae) 파이오누스속(Pionus)
분포 | 베네수엘라, 브라질
전장 | 약 25cm
수명 | 약 25년

보라색 깃털 색의 그러데이션이 아름다워서 인기가 있다. 성격은 겁이 많고 예민한 편이다.

브론즈윙 파이오누스
Bronze-winged Parrot / Pionus chalcopterus / ドウバネインコ

- 분류 | 앵무과(Psittacidae) 파이오누스속(Pionus)
- 분포 | 베네수엘라, 페루 북서부
- 전장 | 약 28cm
- 수명 | 약 25년

날개가 검붉은 구릿빛이다. 성격은 얌전하고 온순하여 사육하기 쉽다.

노랑머리 카이큐
White-Bellied parrot / Pionites leucogaster / シロハラインコ

- 분류 | 앵무과(Psittacidae) 파이오누스속(Pionus)
- 분포 | 브라질
- 전장 | 약 23m
- 수명 | 약 25년

말은 서툴지만 활달하고 장난스럽다. 귀여운 몸짓을 자주 보여준다.

검은머리 카이큐
Black-headed Parrot / Pionites melanocephalus / ズグロシロハラインコ

- 분류 | 앵무과(Psittacidae) 파이오누스속(Pionus)
- 분포 | 브라질 북부
- 전장 | 약 23cm
- 수명 | 약 25년

이름대로 머리가 검은 것이 특징이다. 활발하고 장난스러운 성격이나, 부리 힘이 강해서 살짝만 물려도 아프니 주의하는 것이 좋다.

화이트윙 패러킷
White winged parakeet / Brotogeris versicolurus / キソデミドリインコ

- 분류 | 앵무과(Psittacidae) Brotogeris속
- 분포 | 남미
- 전장 | 약 30cm
- 수명 | 약 15년

연두색 몸통과 노란색 날개의 배색이 아름답다. 연두색 날개 속에 노란색 깃털이 섞여 있어서 일본에서는 '기소데 미도리 잉꼬'(노란소매 연두색 앵무)라고 부른다.

레드컬러 로리킷
Red-collared Lorikeet / Trichoglossus rubritorquis / アカエリゴシキセイガイインコ

분류	목도리앵무과(Psittaculidae) Trichoglossus-오색앵무류
분포	호주
전장	약 28cm
수명	15~20년

목둘레의 붉은색 깃털이 특징이다. 말을 잘하고 사람과 금세 친해진다.

케이프 앵무
Cape parrot / Poicephalus robustus / オオハネナガインコ

분류	앵무과(Psittacidae) Poicephalus속
분포	아프리카
전장	약 32cm
수명	약 35년

부리가 큰 것이 특징이다. 사람을 잘 따르지만 약간 제멋대로다.

블랙캡 로리
Black-capped lory / Lorius lory / ズグロトメインコ

분류	목도리앵무과(Psittaculidae) Lorius속
분포	뉴기니
전장	약 30cm
수명	약 25년

말을 잘하고 감정표현이 풍부하다. 특유의 몸짓으로 즐거움을 선사한다.

세네갈 앵무
Senegal parrot / Poicephalus senegalus / ネズミガシラハネナガインコ

분류	앵무과(Psittacidae) Poicephalus속
분포	아프리카
전장	약 25cm
수명	약 30년

머리는 짙은 회색이다. 장난감을 잘 가지고 노는 개성파 앵무새다.

 ## 대형

대형 앵무새는 지능이 높아서 말을 잘하고 수명이 긴 것이 특징이다. 단, 목소리가 상당히 크니 공간, 방음 등의 사육환경이 잘 맞아야 한다.

붉은관 유황앵무
rose-breasted cockatoo / Eolophus roseicapilla / モモイロインコ

분류 | 관앵무과(Cacatuidae) 붉은관유황앵무속(Eolophus)
분포 | 호주 내륙
전장 | 약 35cm
수명 | 약 40년

우관은 연분홍색, 몸통은 진분홍색이다. 사람을 잘 따르고 말도 잘 배운다.

회색앵무
African grey parrot / Psittacus erithacus / ヨウム

분류 | 앵무과(Psittacidae) Psittacus속-회색앵무류
분포 | 아프리카 서해안
전장 | 약 33cm
수명 | 약 40년

성격은 얌전하지만 약간 예민하다. 지능이 상당히 높아서 주변에서 나는 소리를 잘 흉내 낸다.

청모자 아마존앵무 (블루프론트 아마존)
Blue-fronted amazon / Amazona aestiva / キソデアオボウシインコ

분류 | 앵무과(Psittacidae) Amazona속-모자앵무류
분포 | 아마존
전장 | 약 35cm
수명 | 약 40년

이마가 파란색이어서 '청모자'라고 부른다.
사교적이며 주변의 소리를 잘 따라 한다.

솔로몬 유황앵무
Solomons Cockatoo / Cacatua ducorpsii / ソロモンオウム

분류 | 관앵무과(Cacatuidae) Cacatua속
분포 | 솔로몬 제도
전장 | 약 31cm
수명 | 약 40년

몸통은 대부분 흰색이고 눈 주위는 푸른색이다.
사람에게 응석을 잘 부린다.

황모자 아마존앵무(옐로크라운 아마존)
Yellow crowned amazon / Amazona ochrocephala / キビタイボウシアマゾン

- 분류 | 앵무과(Psittacidae) Amazona속-모자앵무류
- 분포 | 중미~남미, 페루
- 전장 | 30~38cm
- 수명 | 약 40년

말을 아주 잘한다. 흉내도 잘 내며 특히 노랫소리를 잘 따라 한다. 성격은 대범하다.

분홍관앵무
Major Mitchell's Cockatoo / Lophochroa leadbeateri / クルマサカオウム

- 분류 | 관앵무과(Cacatuidae) 분홍관앵무속(Lophochroa)
- 분포 | 호주
- 전장 | 약 35cm
- 수명 | 약 40년

분홍색 몸통과 빨간색, 노란색 줄무늬의 우관이 매우 아름답다.

태백앵무
White cockatoo / Cacatua alba / タイハクオウム

- 분류 | 관앵무과(Cacatuidae) Cacatua속
- 분포 | 인도네시아
- 전장 | 약 45cm
- 수명 | 약 40년

전신이 흰 깃털로 뒤덮여 있다. 사람을 잘 따르고 어리광을 잘 부린다.

큰유황앵무
Sulphur-crested Cockatoo / Cacatua galerita / キバタン

- 분류 | 관앵무과(Cacatuidae) Cacatua속
- 분포 | 호주
- 전장 | 약 50cm
- 수명 | 약 40년

노란색 우관이 특징이다. 주변의 소리를 잘 흉내 내고 사람을 무척 잘 따른다.

앵 무 새 의   신 체 적   특 징

날기에 효율적인 구조

앵무새를 건강하게 오래 키우고 싶다면 앵무새의 신체구조를 알아야 한다.
하늘을 나는 조류의 몸은 다른 동물과 전혀 다르다. 그중에서도 가장 큰 차이점은 다른 동물에게 없는 날개가 있다는 것이다. 또 뼈와 내장이 가벼운 구조로 되어 있고 소화기는 음식을 몸에 오래 저장하지 못하는 등 몸 전체가 철저히 경량화되어 있다. 비행에 필요한 가슴근육이 현저히 발달된 것도 특징이다.
체온은 40~42℃로 사람보다 높다. 높은 체온으로 신진대사를 촉진시켜 언제라도 날아오를 만한 에너지를 확보하려는 것이다.

특징 1 | 울대(명관)

폐 부근(기관지가 갈라지는 부분)에 있는 관으로, 새는 이곳의 막을 진동시켜 소리를 낸다. 앵무새가 말을 할 수 있는 것은 이 명관의 근육이 다른 새에 비해 월등히 발달된 덕분이다.

특징 2 | 골격

가슴 부위의 '용골'이라는 큰 뼈는 다른 동물보다 현저히 발달된 가슴근육(대흉근)을 지탱한다. 뼈는 대개 속이 비어 있으나 내부에 가느다란 기둥이 무수히 있어 쉽게 부러지지 않는다. 잘 날 수 있도록 체중을 최소한으로 줄인 구조다.

특징 3 | 깃털

체중의 약 10%를 차지하는 깃털은 겉으로 드러난 깃털(feather)과 그 하부의 부드러운 솜털(down)로 나뉜다. 깃털은 다시 몸의 표면을 뒤덮는 몸깃과 비행을 위한 날개깃으로 나뉜다. 몸깃은 체표 부근에 공기층을 만들어서 체온을 지키고 수분을 튕겨내는 역할을 한다.

- 날개깃
- 위꽁지깃
- 아래꽁지깃
- 꽁지깃
- 부척 (정강이뼈와 발가락 사이)

덮깃
귀깃
눈
머리
납막(蠟膜)
부리
치크패치(볼연지)
가슴
배
발가락
발톱

특징 4 | 소화기

앵무새가 먹은 음식은 식도 중간에 있는 작은 주머니 '소낭'에서 부드럽게 불려진다. 그리고 전위와 후위로 이루어진 두 개의 위에서 잘게 부서진 뒤 소장으로 이동하여 흡수된다. 흡수되고 남은 찌꺼기인 배설물은 몸에 저장되지 않고 바로 배출된다. 앵무새는 대장이 짧고 방광도 없어서 변을 저장할 수 없기 때문이다. 변에는 대변과 고체 상태의 소변이 섞여 있는데, 변의 흰색 부분이 소변의 요산이다.

특징 5 | 호흡기

몸 전체에 '기낭'이라는 특수한 기관이 퍼져 있는데, 이것은 날기 위해 몸에 산소를 끊임없이 공급하는 펌프 같은 역할을 한다. 또한 조류는 땀을 흘리지 못하는 대신에 이 기낭을 통해 열을 배출하여 체온을 조절한다.

특징 6 | 미지선 (尾脂腺, 또는 우지선羽脂腺)

허리 위쪽에 있는 샘으로, 기름 성분의 지질을 분비한다. 새는 깃털을 다듬으면서 이 지질을 몸 전체에 흘려보내 방수 상태를 유지한다. 이 지질과 새로 난 깃털을 감싸고 있는 케라틴이 몸에서 떨어져 나간 것이 소위 '파우더'로 불리는 비듬가루다.

앵 무 새 의   성 장

몸이 성장할 때
마음도 함께 성장해요

앵무새가 어떤 성장단계에 있는지 파악하세요

야생 앵무새는 어릴 때부터 부모나 동료에게서 둥지 짓기, 먹이 찾기, 번식하기 등을 자연스럽게 보고 배우며 성장한다. 그러나 반려조는 사람을 보고 자라는 탓에 성장에 따른 변화가 복잡한 형태로 나타난다. 때때로 사람이 이해하기 어려운 행동을 하는 것도 그 때문이다. 갑자기 사육자를 무는 등의 문제행동을 보인다면 자신의 앵무새가 어떤 성장단계에 있는지 잘 생각해보자. 반항기의 일시적인 현상일 수도 있다.

성장단계에 따라 장난감도 달라져요

약조기에 앵무새의 지능은 하루가 다르게 발달한다. 이때는 호기심도 왕성하므로 새장에 장난감을 많이 넣어주는 것이 좋다. 하지만 성조기 이후에는 한두 개의 장난감을 주마다 번갈아가며 넣어주면 된다. 단, 번식을 바라지 않을 경우에는 쓸데없는 발정을 억제하기 위해 장난감에 더 신경 쓸 필요가 있다(120쪽 참조).

성장단계별로 적합한 음식을 먹인다

성장단계에 따라 필요한 영양소도 달라진다(Part 5 참조). 특히 고령조는 단백질과 지질을 최소한으로 제한해야 건강하게 오래 살 수 있다.

앵무새는 늙어 죽는 날까지 귀엽기 때문에 겉모습만으로는 연령을 판단하기가 어렵다. 그러나 앵무새도 다른 동물과 마찬가지로 성장하고 성숙하며 노화한다. 오랫동안 관찰하다 보면 앵무새가 몸뿐만 아니라 정신적으로도 성장한다는 것을 알게 될 것이다.

실제로 앵무새는 유조幼鳥(새끼), 약조若鳥, 고령조高齢鳥(88~89쪽)의 시기에 사람의 유아기, 반항기, 노년기와 같은 정신적 변화를 겪는다. 그래서 각 시기마다 같은 일에 대해서도 전혀 다른 반응을 보이게 된다. 앵무새의 심신은 이런 어려움을 극복하면서 성장한다.

반항기와 성숙기에는 주의가 필요해요

앵무새도 사람과 똑같이 두 차례의 반항기를 겪는다. 반항기에는 문제행동으로 사육자의 애를 태우기 쉽지만 이는 성장에 따르는 일시적인 현상이므로 여유 있게 기다려주자. 반항기가 지나 번식이 가능해진 앵무새는 성성숙기를 맞는다. 일단 발정하면 짝과의 영역을 지키기 위해 공격적으로 나오기 때문에 통제하기가 어려워진다. 사육자가 배우자로 각인되었다면 사육자를 대상으로 발정하여 '구애행동'을 할 것이다.

반항기의 문제행동

● **제1반항기**
자아가 싹트는 시기다. 전에는 모든 것을 부모(사육자)에게 의존했지만 서서히 자신이 부모와는 다른 존재임을 자각하고 부모의 도움을 거부하려 한다.

● **제2반항기**
사람의 '반항기'와 마찬가지로 부모의 속을 썩이는 시기다. 보호자에게 어리광 부리고 싶은 마음과 간섭받기 싫은 마음이 뒤엉켜 정서가 불안하다.

성성숙기의 '구애행동'

● **토해내기**
먹은 것을 토해서 상대에게 먹이려 한다. 구슬픈 목소리로 울기도 한다.

● **몸 비비기**
수컷은 사육자의 손에 엉덩이를 비비고 암컷은 꽁지깃을 들어올린다. 교미를 하려는 것이다.

● **둥지 짓기**
벚꽃모란앵무는 종이를 잘게 찢어 부리에 물고 둥지로 가져간다. 이 시기의 앵무새를 작은 상자에 넣으면 둥지에 들어온 것으로 착각하여 발정한다. 따라서 번식을 원하지 않는다면 둥지를 빼주는 것이 좋다.

새끼부터 '할배새'까지, 앵무새의 성장달력

	신생조	핸드피딩기	유조	약조
겉모습				
기간	생후 20일경까지	소형은 생후 20~35일, 중형은 생후 20~90일	소형은 생후 35일~5개월, 중형은 생후 50일~6개월	소형은 생후 5~8개월, 중형은 생후 6~10개월
해당되는 사람의 연령대	신생아기	유아기	제1반항기 (유아기~8세경)	초등학생 (8~13세경)
몸	알에서 갓 부화한 상태, 영양원인 난황이 체내에 아직 남아 있음	스스로 먹이를 먹기까지 (이유기)	스스로 먹이를 먹게 된 후 깃털이 교체될 때까지	새끼 깃털(Pin Feather)이 성조 깃털로 교체되는 '털갈이'에서부터 성성숙기까지
심리	부모에게 모든 것을 의존하는 상태로 아직 감정이나 판단력이 싹트지 않았다.	감정과 판단력이 싹터 돌봐주는 상대에게 '애정'을 느끼기 시작한다. 이때부터 부모 대신 먹이를 먹여서 키우면 사육자를 부모로 인식하게 된다.	자아와 개성이 형성되는 시기. 보살펴주는 '부모'에게 향했던 관심이 '짝'에게로 옮겨가며, 자신의 영역을 의식하게 된다.	부모(사람)에 대한 의존성에서 벗어나 사회성을 배우는 시기. 새끼의 털갈이는 사람의 이갈이와 비슷하다.

※ 이 성장단계는 일반적인 기준으로, 종류와 개체에 따라 조금씩 달라질 수 있음

성조 전기	성조	안정조	고령조
소형은 생후 8~10개월, 중형은 생후 10개월~1세 반	소형은 생후 10개월~4세, 중형은 1세 반~6세	소형은 4~8세, 중형은 6~10세	소형은 8세 이상 (수명은 10~15세), 중형은 10세 이상 (수명은 15~20년)
제2반항기 (13~18세경의 반항기)	성년기 (18~35세경)	중년기 (35~50세경)	노년기 (50세 이상)
성성숙기에서 번식 적응기까지	번식 적응기	번식 은퇴기에서 원숙기까지	원숙기 이후
몸과 마음이 불안정해져 공격적으로 변한다. 동시에 소통에 적극성을 띠게 되고 지능과 능력이 현저하게 발달한다.	에너지가 넘치는 시기. 짝과 깊은 애정관계를 맺는 단계로, '울어대기' 또는 '질투' 등의 문제행동(166쪽)이 나타날 수 있다.	정서적으로 안정되는 시기. 공격적인 행동은 줄어드나 심심해서 문제행동을 일으킬 수 있다. 따라서 매일 긍정적인 자극을 주어야 한다.	행동은 온순해지고 새로운 것에 대한 반응이 둔해진다. 손바닥 위에서 깃털을 다듬게 하는 등 온화한 애정표현을 즐기며 하루하루를 여유롭게 보내도록 하자.

SPECIAL TIP

잉꼬와 앵무새는 어떻게 다를까요?

'잉꼬' 또는 '앵무새'라는 말을 모르는 사람은 거의 없겠지만 둘의 차이를 제대로 아는 사람은 드물 것이다. 잉꼬는 '잉꼬과'의 새를, 앵무새는 '앵무과'의 새를 가리킨다.

잉꼬는 분류학상 '앵무목'에 속한 조류다. 그리고 '앵무목'은 몸의 특징과 식성 등을 기준으로 '앵무과', '잉꼬과', '장수앵무과'의 세 과로 다시 나뉜다.

'장수앵무과'는 식성으로 구분할 수 있다. 또한 나머지 '잉꼬과'와 '앵무과'는 우관의 유무로 구분한다. 우관이 있으면 '앵무과', 없으면 '잉꼬과'다. 예를 들어 왕관앵무는 '잉꼬'라고 부르지만 우관이 있으므로 '앵무과'에 속한다.

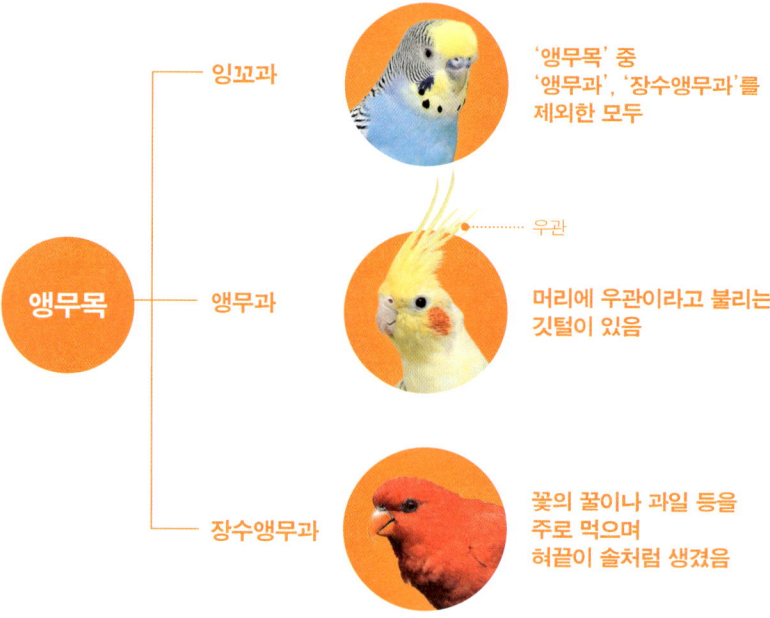

※ 이 Special Tip의 내용은 일본의 분류를 기초로 합니다. 참고로 일본에서는 일반적으로 몸집이 작은 것은 잉꼬, 큰 것은 앵무로 부르는 경향이 있습니다.

SPECIAL TIP

앵무새 색깔에 따른
이름이 궁금해요!

앵무새의 '깃털 색'은 돌연변이 '변종'에 의해 결정된다. 즉, 앵무새의 돌연변이가 색상변이를 일으키므로 색상의 명칭으로 봐도 무리가 없다. 앵무새의 돌연변이를 이해하기 위해서는 유전학적 배경지식이 필요하지만, 너무 복잡하고 전문가가 아니라면 이해하기 어려워 종에 따른 특징만을 간단히 표기한다. 책에 대한 이해를 돕기 위해 참고해보자.

1. 노멀 normal
정상 색상과 패턴

2. 패턴의 변종
- **페르소나타** personata : 얼굴 색깔만 달라서 마스크를 쓴 것처럼 보임.
- **파이드** pied : 털 일부가 얼룩덜룩하게 탈색됨.
- **오팔린** opaline : 등에는 무늬가 없고 날개에만 무늬가 있어 등에 V자 모양이 나타남.
- **할리퀸** harlequin : 위아래 몸통이 다른 색임.
- **스팽글** spangle : 날개의 깃털 바깥 가장자리에 색상이 나타남(일반적으로는 깃털 안쪽에 색깔이 들어가 있어 흰색 테두리가 있는 것처럼 보임).
- **클리어테일** cleartail : 꽁지에 무늬가 없음.
- **펄** pearl : 구슬 모양의 펄 패턴이 있음.

3. 색상의 변종
- **루티노** lutino : 온몸이 노란색이고 눈은 붉은색임.
- **알비노** albino : 온몸이 새하얗고 눈은 붉은색임.
- **팰로우** fallow : 연한 회색조를 띰, 눈은 붉은색임.
- **파스텔** pastel : 전체적으로 흐린 색상을 띰.
- **버터컵** buttercup : 옅은 노란색.
- **시나몬** cinnamon : 황갈색.
- **올리브** olive : 황록색.
- **머브** mauve : 회색조의 옅은 자주색.
- **애플 그린** appple green : 밝은 녹황색.
- **다크 바이올렛** dark violet : 진한 보라색.
- **화이트페이스** white face : 얼굴 전체가 흰색.
- **옐로페이스** yellow face : 얼굴 전체가 노란색.

PART 3

앵무새 입양 전후, 이것만은 챙기세요

앵무새를 사육, 이것만은 꼭 필요해요

사육자로서의 책임감

몸집이 작고 새장 속에서 키워서 산책할 필요가 없다는 이유로 앵무새 사육을 만만하게 생각하는 사람이 많다. 그러나 어떤 반려동물이든 간에 소중한 생명을 맡아서 보살펴야 하는 것은 마찬가지다. 앵무새의 행복은 오로지 사육자에게 달려 있음을 명심하라. 그러므로 집에 데려오기 전에는 앵무새에 대한 기본지식을 습득하고, 데려온 뒤에는 앵무새의 생활과 건강에 책임을 지고 애정을 쏟으며 키워야 한다. 그러면 우선 앵무새를 키우기 위해 무엇이 필요한지 알아보자.

1 사육 환경

뒤치다꺼리를 할 수 있는가?

앵무새를 키우려면 매일 모이를 주고 물을 갈아주는 등의 수고가 필요하다. 온도나 영양관리도 빼놓을 수 없다. 또한 새장을 꼼꼼히 청소해서 청결한 환경을 유지해야 한다. 앵무새는 규칙적으로 생활하는 동물이므로 생활패턴에도 주의해야 한다. 이렇게 할 수 있을지, 앵무새를 데려오기 전에 자신에게 먼저 물어보기 바란다.

새장 둘 곳을 확보하자

소형 앵무새라 할지라도 쾌적하게 살기 위해서는 상당한 크기의 새장이 필요하다. 따라서 앵무새가 안심하고 지낼 장소를 미리 확보하는 것도 중요하다. 또 어떤 앵무새는 큰 소리로 울기도 하니 그 소리가 주변에 폐를 끼치지 않을지 미리 생각해두는 것이 좋다. 공동주택에 산다면 집에서 앵무새를 키울 수 있는지 미리 확인하자.

2 앵무새의 수명

대형 앵무새는 50년까지 산다

앵무새의 수명은 품종이나 개체의 체질에 따라 다르지만 생활환경에도 큰 영향을 받는다. 그래서 평균수명이 7~8년인 사랑앵무라도 제대로만 키우면 10년 이상, 길면 20년 가까이 살 수 있다. 중형, 대형은 평균수명이 더 길어서 일부 대형 앵무새는 30~50년을 살기도 한다. 그러므로 앵무새를 데려오기 전에 자신의 인생계획까지도 점검하여 끝까지 돌볼 수 있을지 생각해보자.

회색앵무

솔로몬 유황앵무

붉은관 유황앵무

평균수명이 40~50년으로 긴 대형 앵무새

3 사육 비용

먹이 구입비와 전기료, 의료비까지

앵무새를 데려오려면 앵무새 자체 외에도 새장 등 사육용품을 구입하는 비용이 생각보다 많이 든다. 또한 앵무새를 키우는 동안에도 먹이 구입비와 온도관리를 위한 전기료, 건강진단비와 병을 치료하기 위한 의료비 등 다양한 비용이 들어간다. 그 정도는 각오하는 것이 좋다.

4 다른 가족의 이해

부담과 위험성까지 전달하자

앵무새를 키우다 보면 아무래도 실내에 깃털과 파우더가 날리게 된다. 가족 중에 파우더에 발작을 일으키기 쉬운 천식환자 또는 새를 싫어하는 사람이 있으면 앵무새를 키우기가 어렵다. 게다가 앵무새를 보살피는 데에는 상당한 수고와 비용이 들고 가끔 시끄럽게 우는 소리도 견뎌야 한다. 그런 점을 확실히 전달하고 가족 전원의 동의를 얻은 후에 사육을 시작하도록 하자.

어떤 앵무새가 나에게 맞을까요?

구입하거나 양도받거나

건강하고 키우기 편한 앵무새를 데려오려면 앵무새를 직접 보고 골라야 한다. 그러려면 조류 또는 앵무새 전문점에서 앵무새를 구입하는 것이 최선이다. 그밖에 펫숍이나 브리더에게서 사거나 인터넷 커뮤니티를 통한 일반 가정 분양 또는 지인에게 양도받는 방법도 있다.

앵무새를 처음 키운다면 이유가 끝나 스스로 먹이를 먹을 수 있는 유조기 이후의 앵무새를 고르는 것이 무난하다. 그때부터 키워도 사육자를 잘 따르는 데다, 새끼보다 체력이 좋아서 질병에 잘 걸리지 않으므로 사육하기가 수월할 것이다.

1 구입하기

전문점

조류·앵무새 전문점에는 다양한 종류의 앵무새가 갖춰져 있어 선택의 폭이 넓다. 또한 앵무새를 잘 아는 직원이 상주하므로 관심 있는 품종에 대해 조언을 들을 수 있고, 구입 후 사육하면서도 지속적인 상담을 받을 수 있다.

펫숍에서 구입하기

다른 동물을 함께 취급하는 종합 펫숍에는 앵무새나 조류를 잘 아는 직원이 없을 가능성이 높다. 따라서 앵무새에 대한 지식이 어느 정도 있거나 구입할 종류를 이미 정한 사람, 또는 집에 있는 앵무새를 위한 사육용품이나 모이 등을 구입하려는 사람에게 적합하다.

개인 브리더에게 구입하기

어떤 앵무새를 구입할지 이미 정했다면 해당 종을 전문적으로 취급하는 브리더를 찾아가도 괜찮다. 브리더에게 앵무새를 구입하면 질병을 옮길 확률도 낮고 앵무새의 부모도 확인할 수 있다. 또 해당 종을 사육하는 요령을 배우는 등 든든한 지원도 기대할 수 있다.

전문점에는 앵무새를 비롯한 각종 반려조가 다양하게 갖춰져 있다.

2 양도받기

카페를 통한 가정 분양
일반 가정에서 자란 새끼를 분양받는 방법이다. 카페 등 인터넷 커뮤니티에서 주로 거래하며, 전문 분양보다 세심하게 보살펴져 사람을 잘 따른다.

친구나 지인에게서 받기
확률이 낮기는 하지만 지인이 기르는 앵무새가 낳은 새끼를 양도받는 방법도 있다. 부모가 확실하며 사육 환경을 잘 알기 때문에 일단 안심이 된다. 기르는 동안 정보교환도 할 수 있다.

인터넷에서 구입할 때 주의할 점
근처에 적당한 곳이 없다면 인터넷에서 앵무새를 구입할 수도 있다. 그러나 직접 보고 고르지 못해서 불안한 데다 운송 중에 문제가 생길 위험성도 높다. 인터넷을 이용한다면 신뢰도가 있는지 기존 거래평을 확인한 후, 가능한 한 인수는 직접 하는 것이 좋다.

데려올 때 이것만은 확인하자!

● **앵무새의 종(성별)**
종에 따라 성격과 먹는 음식, 사육하는 요령이 각각 다르다. 만약 감별이 가능하다면 성별까지 확인하자.

● **앵무새의 생일**
생일을 모른다면 대략적인 출생시기라도 확인하자. 앵무새의 건강관리나 감정 수준을 파악하려면 연령정보가 꼭 필요하다.

● **기존에 먹은 먹이의 종류**
편식을 하는 앵무새가 종종 있다. 그러므로 지금까지 먹은 먹이의 종류와 제조사, 먹였던 방법 등을 자세히 물어보는 것이 좋다.

● **기존 사육환경**
새장이 어떤 곳에 있었는지, 온도관리는 어떻게 했는지 등을 확인하자. 가능하면 비슷한 환경을 조성하여 스트레스를 줄여주기 위해서다.

처음 키운다면 어떤 앵무새를?

● **종류는?**
건강하고 기르기 쉬운 사랑앵무와 왕관앵무를 추천한다. 인기가 있는 종이라서 시중에 다양한 모이가 나와 있고 사육에 관한 정보도 많으므로 안심하고 기를 수 있다.

● **수컷이 좋을까, 암컷이 좋을까?**
수컷을 추천한다. 암컷은 번식과 관련된 질병에 잘 걸리니 발정기에 관리를 철저히 해야 한다. 수컷에 비해 수명도 짧다. 그러나 아직 새끼일 때는 성별을 구별하기 어렵기 때문에 원하는 성별을 골라내지 못할 수도 있다.

● **한 마리? 아니면 여러 마리?**
앵무새와 친밀해지고 싶다면 한 마리를 키우는 것이 좋다. 앵무새는 동료의식이 강한 동물이라서 여러 마리를 기르다 보면 자신들끼리 무리를 형성하고 사육자를 멀리하게 되기 때문이다.

건강한 앵무새를 선별하는 법

앵무새를 잘 관찰하여 건강상태를 확인하세요

처음 앵무새 키우기에 나선다면 무엇보다 건강한 앵무새를 고르는 것이 중요하다. 그러므로 앵무새가 건강한지 잘 살펴보아야 한다. 우선 모이를 맛있게 먹는지 살펴보자. 또한 건강한 앵무새의 변은 어떤지 미리 알아두었다가 새장 안의 변을 확인하자. 그밖에도 아래의 사항을 확인하면 된다.
그러나 앵무새를 처음 접한다면 건강상태를 파악하기 어려울 수 있다. 궁금한 것이 있으면 펫숍 직원이나 브리더에게 꼼꼼하게 물어보자.

콧구멍 재채기나 콧물이 나오지 않고 콧구멍 주변이 깨끗한가?

눈 눈을 또렷하고 힘 있게 떴으며 눈물이나 눈곱 등이 없는가?

부리 잘 맞물려서 모이를 문제없이 먹는가? 이상한 숨소리가 들리지 않는가? 부리 주변이 깨끗한가?

처음에는 조금 떨어진 곳에서 관찰하자

앵무새는 병을 숨기는 습성이 있다. 야생에서는 몸이 아파 보이면 천적에게 제일 먼저 잡아먹히기 때문이다. 그래서 사람이 갑자기 다가가면 앵무새는 아파도 건강한 척을 한다. 따라서 처음에는 약간 떨어진 곳에서 관찰하는 것이 좋다.

새끼를 기르려 할 때 확인할 사항

앵무새를 이미 길러본 사람이나 손에 태우는 훈련을 시키고 싶은 사람은 가급적 어린 새끼를 데려다 기르는 것이 좋다. 그렇다면 아래 사항에 특히 주의하자.

- 눈이 눈물로 흐려지지 않았는가?
- 다리와 발이 두껍고 튼튼한가?
- 윗부리와 아랫부리가 제대로 맞물리는가?
- 걸음걸이에 문제가 없는가?
- 어느 정도 살집이 있고 몸이 묵직한가?
- 깃털이 깨끗한가?
- 날개를 힘차게 움직이는가?

움직임
계속 자거나 졸지 않고 모이를 맛있게 먹는다. 활발하게 움직인다.

날개
양쪽 날개가 제대로 접혀 겨드랑이에 붙어 있다. 깃털이 깔끔하며 윤기가 돈다.

발과 발가락
다리가 구부러져 있지 않고 발가락과 발톱은 빠진 곳이 없다. 똑바로 걸으며 횃대에 잘 앉는다.

변
녹색 부분과 질퍽한 흰색 부분(요산)이 섞여 있다. 녹색 부분에는 먹은 음식의 색이 나타난다.

대변
소변

엉덩이
엉덩이에 출혈이 없고 엉덩이 주변이 깨끗하다.

구비해야 할 사육용품

사육용품은 미리 준비해요

앵무새를 기르기로 결정했다면 필요한 용품을 미리 준비하자. 우선 새장이 필요하다. 새장 안에 설치할 횃대, 모이통과 물통도 필요하다. 이것들은 새장과 한 묶음으로 판매하는 경우가 많지만 사이즈가 앵무새와 맞는지 확인한 뒤 사용하는 것이 좋다. 앵무새의 몸이 약해졌을 때를 대비하여 난방기구도 필요하다. 그 외 장난감과 자물쇠, 채소꽂이, 발톱깎이 등은 천천히 마련해도 된다.

1 반드시 필요한 용품

새장

앵무새의 사이즈에 맞는 것을 고른다. 소형 앵무새는 바닥이 35cm², 중대형은 바닥이 45cm² 정도인 것이 적당하다. 형태는 단순해야 청소하기 편하다. 자주 앵무새를 손 위에 올려놓고 싶다면 출입구가 크게 열리는 유형을 선택하자. 참고로 공간이 허용된다면 가급적 큰 새장이 좋다.

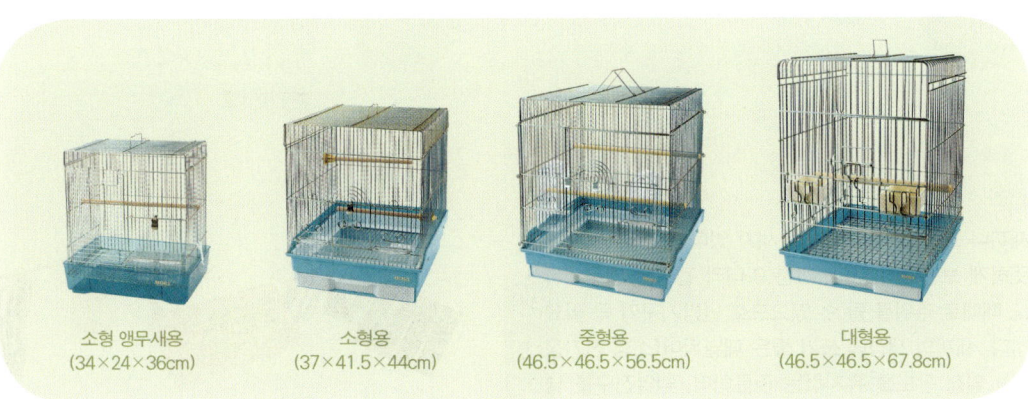

소형 앵무새용
(34×24×36cm)

소형용
(37×41.5×44cm)

중형용
(46.5×46.5×56.5cm)

대형용
(46.5×46.5×67.8cm)

횃대

새장에 부착하는 타입과 바닥에 내려놓는 타입이 있다. 소재는 나무가 대부분이나, 형태를 자유롭게 바꿀 수 있는 면 밧줄도 있다. 새장에 부착된 것을 쓰고 싶다면 일단은 앵무새와 사이즈가 맞는지부터 확인하자. 발가락이 반 정도 휘감긴다면 적합하다.

새장에 부착하는 횃대

바닥에 내려놓는 횃대

모이통

새장에 붙은 것을 써도 되지만 너무 깊어서 쪼아 먹기 힘들어 보인다면 얕은 모이통을 따로 준비하는 것이 좋다. 새장의 철망에 거는 타입은 분리하기 쉬워서 청소가 편하다. 중대형 앵무새는 생각보다 힘이 세므로 단단하고 묵직한 도기를 활용하는 것이 좋다.

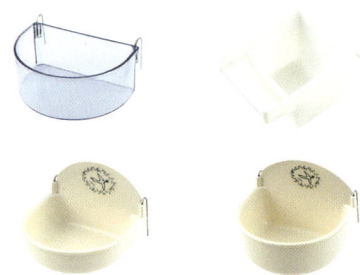

물통

바닥에 놓는 타입이라면 목욕통도 겸하여 쓸 수 있다. 새장에 부착하는 세로형은 모이와 변이 들어가 물이 더러워질 염려가 없어서 좋다. 새장의 사이즈나 내부 환경을 고려하여 적당한 상품을 선택하자.

체중계

질병과 비만을 조기에 발견하기 위해 체중을 자주 재는 습관을 들이자. 1g 단위로 계량되는 주방저울도 무방하다.

보온기구

새끼나 고령조, 쇠약한 앵무새가 있다면 새장 안을 따뜻하게 보온해야 한다. 그뿐 아니라 건강한 앵무새라도 때때로 추위를 탈 수 있으므로 난방기구가 꼭 필요하다. 새끼의 새장에 쓰기 좋은 패널워머(소형 전기장판), 일정 온도를 유지하는 필름히터, 백열전구를 넣어 사용하는 펫히터 등 종류는 다양하다. 단, 무엇을 사용하든 과열 또는 화상 사고에 주의해야 한다.

필름히터   패널워머   펫히터

2 이것도 있으면 좋다!

이동용 새장(이동장)
통원치료 등을 대비해 적당한 사이즈의 이동용 새장이 하나쯤은 꼭 필요하다.

소형용
(14×20×15cm)

소형, 중형용
(296×23.3×30.5cm)

굴껍데기 가루 그릇
칼슘 보충을 위한 굴껍데기 가루는 작은 모이통에 담아놓는다. 새장에 거는 타입은 분리가 쉬워서 손질하기 편하다.

온습도계
앵무새가 더운지 혹은 추운지(112~113쪽 참조) 정확하게 확인하려면 온습도계가 필요하다.

자물쇠
앵무새가 부리로 새장 문을 열지 못하도록 문에 걸어놓는 역할을 한다.

채소꽂이
줄기 채소를 줄 때 쓴다. 사진처럼 채소를 꽂는 형태도 있고 클립으로 채소를 집는 형태도 있다.

어디까지 준비했어? 체크 리스트

● **이것만은 준비하자**
- ☐ 새장
- ☐ 횃대
- ☐ 모이통
- ☐ 물통
- ☐ 난방기구
- ☐ 체중계(주방저울)

● **이것도 준비하자**
- ☐ 이동용 새장
- ☐ 자물쇠
- ☐ 채소꽂이
- ☐ 굴껍데기 가루 그릇
- ☐ 온습도계

사육환경을 정비해주세요

앵무새를 맞이하기 전에 새장을 세팅해줘요

앵무새를 맞이하기 전에 기본적인 사육용품을 준비하고 새장을 미리 세팅해놓자. 모이통과 물통은 쓰기 편한 위치에 배치하되 내부를 넓게 쓸 수 있도록 배려한다. 횃대 두 개는 앵무새가 날아서 이동할 만한 곳에 설치한다. 두 횃대 사이에 단차를 주는 것이 좋다. 한두 개의 장난감은 앵무새의 이동에 방해가 되지 않도록 한쪽으로 치워놓는다. 온습도계는 새장 바깥의 잘 보이는 곳에 부착하고 난방기구가 잘 작동하는지 확인한다.

1. 새장 레이아웃의 예

장난감
이것저것 너저분하게 넣기보다 좋아하는 것 한두 개를 넣어주는 것이 좋다. 이동에 방해가 되지 않는 곳에 배치한다.

채소꽂이
신선한 잎채소를 꽂아둔다. 잎채소는 클립 등으로 철망에 고정시켜도 된다.

모이통 ❷
굴껍데기 가루(139쪽) 등의 간식을 넣는다. 주식용 모이통보다는 작은 것이 좋다.

온습도계
새장 밖의 잘 보이는 곳에 설치한다. 앵무새가 추위나 더위를 탈 때의 온도와 습도를 확인해두자.

횃대
최소한 두 개는 필요하다. 앞쪽과 뒤쪽에 단차를 두어 설치하자.

모이통 ❶
주식을 넣는다. 크기도 적당하고 씻기도 편한 것으로 고르자. 새장에 붙어 있는 통을 써도 된다.

물통
새장에 붙어 있는 것을 써도 된다. 뚜껑 달린 것 등 다양한 형태가 있으니 쓰기 좋고 손질하기 편한 것으로 고른다.

자물쇠
앵무새가 문을 열고 도망치지 못하도록 문을 잠근다.

2. 새장 두는 곳

O 이런 곳이 좋다
- ☐ 가족이 모이는 곳(거실 등)
- ☐ 일교차가 작은 곳
- ☐ 햇빛이 적당히 들어오고 통풍이 잘 되는 곳
- ☐ 너무 시끄럽지 않고 조용한 곳

✗ 이런 곳은 피하자
- ☐ 일교차가 큰 곳
- ☐ 사람이 많이 드나드는 출입구 근처
- ☐ 직사광선이 내리쬐는 곳
- ☐ 종일 해가 들어오지 않아 어둡고 추운 곳
- ☐ 비바람에 노출된 야외
- ☐ 냉난방기의 바람이 직접 닿는 곳
- ☐ 사람이 거의 오지 않는 곳
- ☐ 까마귀나 고양이 등 천적이 항상 보이는 곳

앵무새의 사고를 방지하자!

앵무새는 '밟히거나', '끼거나', '도망치거나', 이물질을 '삼키는' 등의 사고를 많이 당한다. 이 모든 사고의 원인은 사육자의 부주의 때문이다. 사고를 방지하기 위해 아래 사항을 마음에 새기고 가족에게도 전달하자.

- **자유비행 시간에는 앵무새에게서 눈을 떼지 않는다.** 앵무새가 어디에 있는지 모르면 문에 끼이거나 밟히는 사고가 일어나기 쉽다. 앵무새의 소재를 반드시 파악해야 한다.
- **창은 반드시 닫아둔다.** 앵무새가 새장을 탈출할 때를 대비하여 새장이 있는 방의 창은 항상 닫아두는 습관을 들이자. 철망 문에도 자물쇠를 단다.
- **자질구레한 물건을 내놓지 않는다.** 앵무새가 삼키기 쉬운 액세서리, 클립, 고무줄 등 자질구레한 물건을 실내에 내놓지 않는다. 자유비행 전에는 실내를 깨끗이 정돈한다.
- **위험한 물건은 치운다.** 중독을 일으키는 유해한 식물(197쪽 참조), 유리 등 깨지기 쉬운 물건, 연필과 칼 등의 위험물, 화상의 위험이 있는 다리미, 난방기구, 전기밥솥 등은 앵무새가 있는 방에서 없앤다.

앵무새를 맞아들인 첫날부터 10일까지

새로운 환경에서 차분하게 지내도록 해줘요

앵무새를 골랐다면, 처음 데려오는 그 순간부터 배려가 필요하다. 앵무새가 지치거나 스트레스를 받지 않도록 다른 곳에 들르지 말고 바로 귀가하자. 계절에 따라서는 이동 중에 휴대용 난방기구 등으로 새장을 보온해야 한다. 그리고 집에 도착하자마자 세팅해둔 새장에 앵무새를 넣자. 귀여워서 당장 쓰다듬고 싶을지 모르지만 이때는 참는 것이 좋다. 앵무새가 스트레스 없이 새로운 환경에 적응하도록 조용히 지켜보자.

1 첫날의 생활

1. 계속 지켜보거나 귀찮게 하지 않는다.

앵무새는 이동하느라 이미 지친 상태다. 그런 상태에서 장난을 치거나 뚫어지게 쳐다보면 큰 스트레스를 받을 것이다. 되도록 시끄럽게 하지 말고 오래 쳐다보지도 말자. 한동안은 약간 떨어진 곳에서 지켜보면서 혼자 조용히 지낼 수 있도록 한다.

2. 이전과 같은 환경과 생활패턴을 제공한다.

갑자기 확 달라진 생활환경은 앵무새에게 큰 부담이 된다. 전에 살던 곳의 온도와 습도는 어땠는지 전 사육자에게 물어보아 한동안 그 상태를 유지하자. 기상과 취침시간 등의 생활패턴도 똑같이 유지하는 것이 좋다.

3. 음식도 이전과 똑같이 먹인다.

음식도 마찬가지다. 처음 며칠 동안은 똑같은 것을 똑같은 방식으로 주어야 한다. 갑자기 모이가 바뀌면 전혀 먹지 않는 앵무새가 많다. 적응이 될 때까지는 음식의 종류와 횟수를 똑같이 유지하자.

2 2~3일째

부드럽게 이름을 부르고 말을 걸자

새로운 환경에 아직 적응하지 못하고 긴장이 지속되는 시기다. 스킨십은 어렵지만 사육자임을 인식시키기 위해 가끔 부드럽게 이름을 부르거나 말을 거는 것은 괜찮다. 조금 안정된 것 같으면 몇 분 정도만 새장 밖에 내놓아보자. 단, 갑자기 큰 소리를 내거나 몸을 만지는 등 스트레스를 주는 행동을 삼가고 조용하게 지켜본다.

3 4~5일째

앵무새를 대할 때는 웃는 얼굴로

약간 적응이 되면 스킨십의 첫걸음으로 이름을 부르면서 간식을 먹인다. 단, 항상 웃는 얼굴로 대해야 한다. 사육자가 웃고 있으면 앵무새도 긴장감과 공포심이 조금씩 사라질 것이다. 그러다 보면 사람 손에도 조금씩 익숙해지게 된다.

4 7~10일째

몸의 변화에 주의!

앵무새는 새로운 환경에 익숙해지기 전에는 몸이 아파도 약점을 보이지 않으려고 건강한 척을 한다. 따라서 상태가 나빠 보인다면 적응이 좀 되었다는 뜻이다. 앵무새를 잘 관찰하여 몸이 좋지 않은 듯하면 바로 병원으로 가자. 또, 몸에 이상이 없어 보여도 동물병원에서 건강진단을 받아두는 편이 안전하다. 사육에 대해 궁금한 점도 의사에게 꼼꼼히 물어보자.

SPECIAL TIP

앵무새
그것이 알고 싶다 Q&A ①

Q. 여러 마리를 키울 때 주의할 점은?
A. 무엇보다 성격 궁합이 중요하다.
여러 마리를 기를 때 가장 중요한 것은 앵무새들끼리의 성격 궁합이다. 서식지가 같으면 성격도 비슷해서 잘 맞을 가능성이 높지만 일단은 전문점과 펫숍에 확인하는 것이 좋다.
앵무새를 추가로 데려왔다면 병이 없다는 사실이 증명될 때까지 2~3주간은 다른 앵무새들과 격리해야 한다. 건강한 것으로 판명된 후에 기존의 앵무새와 서서히 합치자. 이때도 갑자기 합치지 말고, 처음에는 새장을 같은 방에 두어 서로의 존재를 알린 다음 며칠에 걸쳐 서서히 새장을 근접시키는 것이 좋다.
그러나 앵무새끼리 익숙해진 후라도 여러 앵무새를 동시에 풀어놓는 것은 좋지 않다. 모두의 소재를 파악할 수 없어서 사고의 위험이 높아지기 때문이다.

아이가 앵무새를 만지고 싶어 하면 앵무새 다루는 법을 먼저 가르쳐야 한다. 또 아이가 있는 방에서는 가능한 한 자유비행을 삼가자. 아이는 주의력이 떨어져서 앵무새를 밟거나 문틈에 끼게 만들거나 창문으로 도망치게 하는 등의 사고를 일으키기 쉽다.

Q. 유아가 있는 집에서 앵무새를 기르려면?
A. 위생관리를 철저히 하고 앵무새의 사고에 주의한다.
유아가 있는 가정에서 앵무새를 기를 때는 위생에 각별히 주의해야 한다. 앵무새가 있는 방 안에는 깃털과 비듬, 파우더 등이 날아다니기 마련이니 청소를 더 꼼꼼하게 하자. 또 앵무새를 만진 후에는 반드시 비누로 손을 씻자.

Q. 다른 동물과 함께 기른다면?
A. 개, 고양이와 같은 방에 두지 말 것.
개나 고양이 등의 육식동물은 언제 어떤 계기로 앵무새를 덮칠지 모른다. 실제로, 몇 년이나 사이좋게 지냈는데도 어느 날 사육자가 잠시 한눈을 판 사이에 앵무새가 개에게 잡아먹힌 사건이 있었다. 사이가 아무리 좋아 보여도 개나 고양이와 앵무새를 같은 방에 두어서는 안 된다.
초식동물인 토끼나 거북이와는 성격만 잘 맞으면 사이좋게 지낼 수 있다. 단, 새끼리 대면할 때와 마찬가지로 천천히 접근시켜야 한다.

PART 4

앵무새 관리, 이렇게 하세요

앵무새에게 필요한 시간대별 보살핌

해가 뜨면 일어나고 해가 지면 자요

앵무새는 해가 뜨면 일어나고 해가 지면 잠드는 주행성 동물이다. 그래서 일조시간 조절이 특히 중요하다. 앵무새가 사육자와 함께 밤늦게까지 깨어 있지 않도록 주의하자. 앵무새는 밝은 곳에서 지내는 시간이 너무 길어지면 호르몬 균형이 깨져 건강을 잃기 쉽다.
아침과 저녁은 앵무새가 특히 활발하게 움직이는 시간대이니 이때 적당한 시간을 정해서 함께 놀아주는 것이 좋다. 규칙적인 생활리듬을 유지하여 건강한 앵무새로 키우기 바란다.

자유비행 중에는 안전에 주의할 것

집 안은 앵무새에게 매우 위험한 공간이다. 앞에서도 말했듯이 실내장식, 액세서리 등 자질구레한 물건은 말끔하게 치워놓자. 또, 감전의 위험이 있는 콘센트에는 덮개를 씌우자. 앵무새가 가지 말아야 할 곳이 있다면 문을 잘 닫아두거나 꼼꼼하게 막아놓는 등의 조치가 필요하다.

방치는 금물!

앵무새를 집 안에 풀어놓고 키우는 사람도 있는데, 이는 바람직하지 않은 사육법이다. 사육자가 앵무새의 행동을 종일 지켜볼 수는 없으므로 사고가 일어날 확률이 높기 때문이다. 또 종일 풀어놓으면 앵무새가 집 안을 새장으로, 새장을 둥지로 착각해서 새장에 넣자마자 발정할 수 있다. 게다가 집 안에 배변을 하면 비위생적이니 노는 시간 이외에는 새장 안에서 지내는 버릇을 들이자.

	앵무새의 하루	필요한 케어
06:00	기상 아침식사 놀이	• 새장 덮개를 벗겨서 밝게 해준다. • 새장 청소 • 모이, 물 교환
12:00	혼자 지내기 (일광욕 등)	• 함께 놀기(자유비행)
	놀이 점심	• 함께 놀기(자유비행) · 사육자의 생활패턴에 맞추어 조정한다. • 모이가 얼마나 줄었는지 확인한다.
18:00	취침	• 새장을 어둡고 조용한 곳으로 옮기고 덮개를 씌운다.

앵무새가 있는 방의 온도와 습도

계절에 따라 온습도를 적당히 맞춰주세요

앵무새를 키울 때는 온도관리가 매우 중요하다. 그렇다고 일정한 온도와 습도를 유지하라는 뜻은 아니다. 온습도를 연중 일정하게 유지하면 암컷은 발정이 지속되어 알을 과다하게 낳고, 수컷은 털갈이가 너무 빈번해질 수 있다. 계절에 따라 온습도가 적당히 변동하도록 하는 것이 최선이다. 온습도에 너무 예민하게 굴지 말고 앵무새의 상태를 잘 관찰하면서 대처하자. 다소 덥거나 추워도 앵무새가 활발하고 건강하다면 아무런 문제가 없다.

1 온도관리

온도가 높을 때는

여름날 더운 실내에 새장을 두면 앵무새가 열사병에 걸릴 위험성이 있다. 또한 새장 전체에 해가 내리쬐는 곳에서 일광욕을 시켜도 열사병에 걸릴 수 있다. 더워서 힘들어하는 것 같으면 활기를 되찾을 때까지 냉방을 해주거나 새장을 시원한 곳으로 옮겨야 한다. 앵무새에 따라 더위를 느끼는 정도에도 차이가 있으므로 자신이 키우는 앵무새가 기온이 얼마나 되었을 때 힘들어하는지, 온도계 수치를 확인해두자.

덥다는 신호
- 입을 반쯤 열고 숨을 쉰다
- 숨을 헉헉 하고 몰아쉰다
- 날개를 몸에 붙이지 않고 올렸다 내렸다 한다

온도가 낮을 때는

앵무새는 더운 나라에 주로 서식하는 동물이므로 더위에는 비교적 강하고 추위에는 매우 약하다. 그래서 사람에게는 쾌적한 온도라도 앵무새에게는 추울 수 있다. 그러므로 기온이 낮은 계절에는 앵무새의 상태에 특히 주의해야 한다. 추위를 느끼는 것 같으면 전용 히터로 보온을 하자. 또한 더울 때와 마찬가지로 자신이 키우는 앵무새가 기온이 몇 도 정도일 때 추위를 느끼는지 온도계 수치를 확인해두자.

춥다는 신호

얼굴을 등 깃털에 파묻는다.

전신의 깃털을 크게 부풀린다.

겨울용 히터(73쪽 참조)

추위는 앵무새의 커다란 적이다

추울 때 앵무새는 전신의 깃털을 부풀린다. 깃털 사이에 공기를 담아 체온을 유지하려는 것이다. 체온이 떨어지면 면역력도 떨어져 병에 걸리기 쉽다. 게다가 체온을 유지하려고 에너지를 소모할수록 몸이 더욱 약해지는 악순환에 빠지게 된다. 그래서 추위를 느끼는 듯하면 즉시 따뜻하게 해주는 것이 좋다. 다만 건강한 앵무새에게까지 과민하게 온도를 맞춰줄 필요는 없다. 그보다는 아프거나 고령인 앵무새, 새끼에게 각별히 신경을 쓰도록 하자.

2 습도관리

온도가 높을 때는

앵무새에게 쾌적한 습도는 60% 정도지만, 이 상태를 계속 유지하면 앵무새가 알을 낳게 된다. 그러므로 습도 역시 계절에 따라 조금씩 달라지도록 하는 것이 좋다. 자연의 법칙대로 여름에는 습도가 높아지고 겨울에는 약간 건조해지게 하자. 그러나 이유조인 경우에는 온도와 습도를 더욱 세심하게 조절해야 한다.

건강을 위해 일광욕과 목욕을 시켜주세요

일광욕으로 질병을 예방해주세요

앵무새는 햇빛을 쪼이면 몸속에서 비타민D3가 합성된다. 비타민D3는 칼슘의 흡수를 돕기 때문에 부족하면 칼슘결핍증(193쪽)이 생길 수 있다. 게다가 창가에 놓인 새장 안에서 신선한 공기를 들이마시거나 창밖 풍경을 보고 있으면 앵무새의 기분도 한결 가벼워질 것이다.

또한 야생의 앵무새는 빗물이나 이슬로 목욕을 하는 습성이 있지만 집에서 기르는 앵무새는 새장 안의 물로 목욕을 한다. 목욕은 몸에 묻은 이물질을 떨어내고 스트레스를 발산하는 효과가 있다.

1 일광욕 방법

날씨와 앵무새의 건강만 허락한다면 일광욕은 매일 하는 것이 좋다.

- 유리를 통과한 햇빛은 효과가 없으므로 자물쇠로 잠근 새장을 햇빛이 직접 들어오는 곳으로 이동시키자.
- 새장 전체에 직사광선이 오래 내리쬐면 앵무새가 열사병에 걸릴 위험이 있다. 장소와 방향을 잘 골라 반드시 새장 안에 그늘이 생기도록 해야 한다.
- 고양이나 개 등이 덮치지 못하도록 새장을 잠그거나 가까이에서 지켜보자.

2 목욕시키는 방법

한 주에 한두 번 정도는 목욕물 전용 그릇에 물을 담아서 넣어준다.

- 사람도 그렇듯이 목욕을 즐기는 앵무새도 있고 그렇지 않은 앵무새도 있다. 목욕하지 않는다고 강제로 물에 넣으면 절대 안 된다.
- 목욕을 좋아한다면 횟수를 늘려도 좋다.
- 날이 아무리 추워도 따뜻한 물은 쓰면 안 된다. 앵무새의 깃털은 방수와 보온을 위해 미지선에서 분비된 피지로 항상 뒤덮여있다. 더운물로 목욕하면 오히려 그 피지가 벗겨져 건강을 해치게 된다.

플라스틱 목욕통

도기 목욕통

앵무새가 목욕을 하지 않는다면?

물통에 목욕물을 넣어줘도 목욕을 전혀 하지 않는 앵무새가 종종 있다. 또한 물에 목욕하기는 싫어하지만 먹으라고 넣어준 잎채소에 붙은 물방울에 몸을 비비기를 좋아하는 앵무새도 있다. 어떤 앵무새는 분무기를 위쪽으로 분사하면 신이 나서 물방울을 뒤집어쓰기도 한다. 기존의 물통이 아닌 평평한 그릇에 물을 조금 담아놓으면 스스로 목욕을 할 때도 있다. 하지만 이런저런 방법이 다 소용없다면 억지로 시킬 필요는 없다.

새장 바깥에서 물을 뿌려주면
신이 나서 물방울을 뒤집어쓰는 앵무새도 있다.

하루 한 번 청소로
질병을 예방해주세요

위생적인 환경을 유지해주세요

앵무새가 쾌적하게 지내려면 새장과 새장 주변을 매일 청소해야 한다. 새장 바닥에 깔아둔 종이도 매일 교체해야 한다. 그대로 두면 바닥에 쌓인 곡물껍질과 변, 파우더(85쪽) 등이 공중에 날리게 되므로 앵무새뿐 아니라 사람에게도 비위생적이다. 종이를 교체하면서 변을 살펴보고 앵무새의 건강상태를 파악할 수도 있다. 하루에 한 번 가볍게 청소하고 한 주에 한 번은 중간 청소를 하고 한 달에 한 번은 대청소를 하는 습관을 기르자.

1. 하루 한 번 청소

하루에 한 번 새장 바닥에 깔린 종이를 교체한다. 사진처럼 위에서부터 한 장씩 벗겨낼 수 있는 제품이 편리하다. 아침마다 먹이와 물을 갈아주면서 종이까지 교체하는 습관을 들이자. 새장 주변도 빗자루 등으로 청소한다.

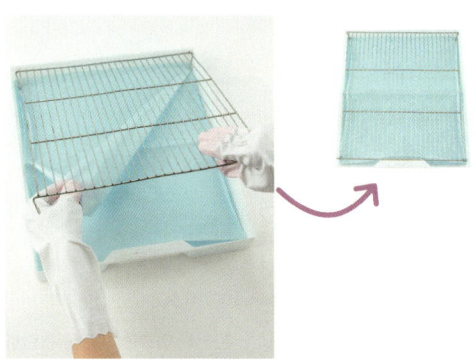

청소 용품
- **주걱** 들러붙은 변을 긁어낸다.
- **칫솔** 철망을 닦는다.
- **걸레** 새장 안을 닦는다.
- **스펀지** 새장 바닥을 닦는다.
- **미니 빗자루 세트** 오물받이를 청소하거나 새장 주변을 쓴다.
- **고무장갑** 변을 직접 만져야 할 때 낀다.
- **마스크** 변 가루와 파우더를 흡입하지 않기 위해 쓴다.

2 한 주에 한 번 중간 청소

철망에 들러붙은 변을 주걱으로 긁어낸다. 딱딱하게 굳어서 잘 안 떨어질 때는 따뜻한 물에 적신 천으로 문지른다. 오물받이는 빼내서 살짝 쓴다. 모이통과 물통을 씻고 소독한다.

3 한 달에 한 번 대청소

새장 안의 모이통, 물통, 횃대 등을 전부 꺼내고 새장을 분해하여 정성껏 닦는다. 단, 세제 없이 씻어서 끓는 물에 소독해야 한다. 만약 끓는 물에 소독할 수 없는 소재라면 펫숍에서 판매하는 소독액으로 소독한다. 세정과 소독이 끝나면 완전히 마를 때까지 햇빛에 말린다. 바싹 말려야 하므로 대청소는 맑은 날에 하는 것이 좋다. 청소할 동안 앵무새는 이동용 새장 등에 넣어두면 된다.

1 부품을 꺼낸다.
새장 안의 부품을 전부 꺼내고 오물받이도 분리한다.

4 햇빛에 소독한다.
새장과 부품이 깨끗해졌다면 신문지에 펼쳐서 일광소독을 하며 완전히 건조시킨다.

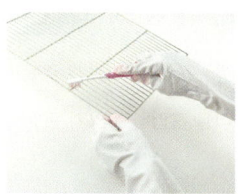

2 철망을 닦는다.
철망을 브러시로 꼼꼼히 닦아 오염을 제거한다.

5 새장 주변도 청소한다.
새장 주위에 떨어진 모이나 깃털 등을 청소기로 흡입한다.

3 바닥과 부품을 씻고 소독한다.
오물받이와 부품 등을 세제 없이 씻은 후 열탕 또는 소독액으로 소독한다.

6 새장을 조립한다.
완전히 마르면 새장을 조립하고 사육용품을 원래 위치로 돌려놓는다.

앵무새 손질과 취급

안전한 손질을 위해 올바른 '보정'을 연습해주세요

가정에서도 앵무새의 발톱을 깎을 수 있다. 하지만 안전을 위해서 보정(앵무새가 날뛰지 않도록 몸을 고정하는 방법)을 먼저 해야 한다. 보정은 앵무새의 크기에 따라 두 가지 방법이 있다. 보정만 제대로 하면 발톱을 깎을 때뿐 아니라 병원에서 진찰을 받을 때도 큰 도움이 될 것이다.
단, 발톱깎기 이외의 손질은 자칫하면 앵무새가 다칠 수 있으므로 가정에서는 삼가는 것이 좋다. 필요하다면 병원이나 전문점의 도움을 받자.

1 발톱깎기

앵무새가 횃대에 앉았을 때 발톱이 나무를 감싸듯 구부러지지 않고 공중에 떠 있으면 발톱이 너무 길었다는 뜻이다. 빨리 잘라주자.

● 앵무새의 발톱 속에는 혈관이 있으니 너무 짧게 자르지 않도록 주의하자. 발톱이 검은색이라서 혈관이 전혀 보이지 않는다면 병원이나 전문점의 도움을 받자.
● 피가 날 때는 펫숍에서 판매하는 지혈제(개나 고양이의 지혈제를 써도 됨)를 바르자.

소형 앵무새의 발톱을 혼자 깎을 경우에는, 우선 보정을 하고 검지와 엄지로 발톱을 잡은 다음, 끝에서부터 조금씩 잘라나간다. 아직 익숙하지 않다면 두 명이 한 조를 이뤄 한 명은 보정을 하고 한 명은 발톱을 자르는 것이 안전하다.

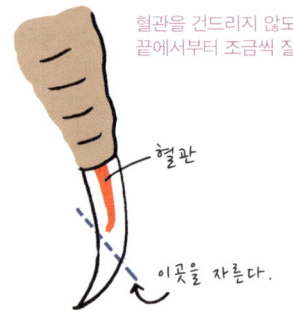

혈관을 건드리지 않도록 끝에서부터 조금씩 잘라나간다.

혈관
이곳을 자른다.

[지혈제]

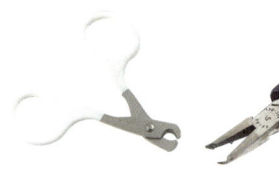
[소형 조류용 발톱깎이]
발톱이 빠지거나 갈라지지 않고 잘 깎인다.

[공구용 소형 니퍼]
발톱을 집기도 편하고 발톱 끝이 잘 보인다.

2 올바른 보정 방법

소형은 한 손으로 잡는다. 한 손으로 잡을 수 없는 중형의 경우 대형용 보정법을 쓴다. 대형은 힘이 무척 세서 날뛰다가 자기 날개를 다치게 할 수 있기 때문에 수건으로 감싸야 한다. 여기에는 앵무새가 보정 과정에서 겪은 불쾌한 감정 탓에 사람의 손을 꺼리게 되지 않도록, 수건에 악역을 떠넘기려는 목적도 있다.

소형 앵무새

앵무새의 등을 한 손으로 감싸듯 쥐고 검지와 중지 사이에 목을 살짝 끼운다. 엄지로는 몸을 지탱하고 약지와 새끼로는 앵무새의 몸을 살짝 붙잡는다.

중형~대형 앵무새

수건을 앵무새의 머리 쪽에서 덮어씌워 등부터 몸을 감싼다. 검지와 중지 사이에 목을 끼우고 나머지 세 손가락으로 몸을 잡는다. 가슴을 누르면 호흡을 못하니 가슴을 누르지 않도록 주의하면서 다른 한 손으로 앵무새의 하반신을 수건으로 감싼다.

부리 손질은 병원에서

건강한 앵무새는 부리가 자라지 않는다. 부리 끝이 뾰족해진 것처럼 보이더라도 혼자서 판단하지 말고 수의사와 상담하기 바란다(아래 사진은 수의사가 손질하는 장면).

날개는 다듬지 않는 것이 원칙이다

날개다듬기(윙 컷, 또는 윙 트리밍)는 앵무새의 날개를 부분적으로 자르는 것을 말한다. 비전문가가 손을 댔다가는 앵무새가 상처를 입기 쉬우므로 가정에서 함부로 시도하지 않는 것이 좋다. 이처럼 앵무새가 잘 날 수 없도록 날개를 다듬는 주된 목적은 ①날아서 도망치는 것을 막고 ②남에게 의지할 수밖에 없게 해서 사육자를 잘 따르게 만드는 것이다. 단, 날개를 다듬으면 날아오를 때 순발력이 떨어지거나 일단 날아올라도 통제력을 잃어서 아래로 추락하는 등의 사고가 일어날 수 있다. 날개를 다듬기보다 '새는 원래 나는 동물'이라고 생각하여 사고를 예방하는 것이 바람직하다.

앵무새의 발정도 관리하세요

발정과다는 질병의 원인이 돼요

앵무새의 발정기는 해가 길어지는 따뜻한 계절에 찾아온다. 그러나 따뜻하고 쾌적한 환경이 계속 유지되거나 일조시간이 하루 열 시간을 넘으면 계절에 관계없이 발정한다.
발정이 시작된 수컷은 '토해내기'와 독특한 '지저귐' 외에 엉덩이를 비비는 구애행동을 시작한다. 암컷은 등을 뒤로 젖히거나 산란을 반복한다. 그러나 발정이 과다하면 생식기에 병이 생길 수 있으므로 이를 잘 관리하자.

발정과다에 따르는 문제

- 사람을 문다(수컷, 암컷).
- 알막힘과 난관염(190쪽)을 일으킨다(암컷).
- 과다한 산란으로 영양장애를 일으킨다(암컷).
- 정소 종양(189쪽)을 일으킨다(수컷).

| 산란과다에 대해 | 암컷 앵무새는 일단 발정하면 수컷과 교배하지 않아도 알(무정란)을 낳는다. 만약 발정이 지속되어 대여섯 개의 알을 연속으로 낳게 되면 칼슘 등 영양분이 모두 알로 빠져나가 모체는 영양장애를 일으키게 된다. 이때 알을 가져가버리면 또 낳으므로 10~20일 정도는 알을 품게 두었다가 한꺼번에 꺼내는 것이 좋다. 의란(도기 등으로 만든 가짜 알)과 바꿔치기 하는 것도 좋은 방법이다. 산란과다는 암컷의 목숨까지 위협하는 심각한 질병이니 수의사와 상담하여 적절한 조치를 취하자.

수명단축으로 이어진다.

장난감도 '배우자'가 될 수 있으므로 요주의!

1 앵무새의 발정을 억제하는 네 가지 방법

1 일조시간을 조절한다.

앵무새는 일조시간이 길어지면 발정한다. 햇빛만이 아니라 인공적인 빛도 동일한 효과를 내므로 앵무새가 밤늦게까지 깨어 있게 해서는 안 된다. 저녁 5~6시쯤에는 새장 주변을 어둡게 해서 재운다.

3 둥지 또는 둥지의 재료를 없앤다.

둥지 또는 둥지의 재료도 발정의 원인이 될 수 있다. 상자 또는 짚 둥지, 플라스틱 둥지, 앵무새 침대, 모이통, 종이, 나무 등 앵무새가 둥지로 인식할 만한 것을 아예 없애버리자. 또 새장 바닥에는 반드시 망을 깔아서 종이가 끌려올라오지 않도록 하자.

2 '배우자'가 될 만한 존재를 없앤다.

앵무새는 다른 종 또는 동성까지 배우자로 간주한다. 한 마리만 키울 경우에는 사육자를 비롯하여 장난감, 거울, 티슈 뭉치까지도 교미상대로 인식한다.

여러 마리를 키우는 중에 한 앵무새가 강하게 발정한다면 그 앵무새만 격리시키자. 또 한 마리만 키울 때도 귀엽다고 너무 많이 쓰다듬지 말자. 좋아하는 물건을 없애는 것도 하나의 방법이다.

4 너무 따뜻하게 하지 않는다.

따뜻한 기온도 발정의 조건 중 하나다. 겨울철이라도 난방이 잘된 방에서 키우면 발정할 수 있다. 앵무새가 추위를 타

지 않고 건강하게 지내기만 한다면 난방은 꺼도 된다(112쪽 참조). 과보호할수록 발정이 지속되어 앵무새의 체력과 면역력도 약해질 것이다.

사육할 때 계절별로 주의할 점

- **환절기** 등 기온변화가 심한 시기에도 너무 따뜻하게 보온하지 말자.
- **여름**에는 열사병에 주의한다(112쪽 참조). 사람이 없는 방은 창문을 약간 열어두거나 가볍게 냉방한다.
- **여름**에는 모이와 물이 부패하기 쉬우니 자주 갈아준다.
- **봄가을** 중 깃털이 교체되는 '털갈이' 시기에는 고단백 먹이를 준다.
- **겨울**에는 추위를 타면 보온하되(113쪽) 너무 따뜻해지지 않도록 주의하고, 둥지를 제거하여 발정을 관리한다.

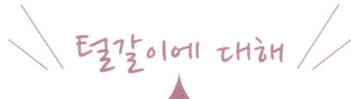

건강한 앵무새는 대개 봄과 가을에 한 번씩 털갈이를 한다. 털갈이에는 체력이 많이 소모되므로 체중이 줄어들기 쉽다. 이때 상태를 잘 살피면서 고단백 모이와 전용 비타민제를 먹이자.

앵무새의
집 보기와 외출

앵무새 혼자 집을 볼 수 있는 시간은 최장 1박 2일

가족이 잠시 집을 비우면 환경 변화에 민감한 앵무새는 혼자 집을 지킬 때가 많다. 떠날 때 모이와 물을 넉넉히 넣어주고 새장을 정돈해두면 앵무새도 1박 2일까지는 혼자 지낼 수 있다. 2박 이상일 때는 지인이나 펫시터에게 하루에 한 번씩 들여다보도록 부탁하는 것이 좋다. 펫호텔 등에 맡기는 방법도 있지만 예민한 앵무새의 경우 환경이 바뀌면 모이를 전혀 먹지 않을 수 있다. 갑자기 장기간 맡기지 말고 일단 하루쯤 맡겨본 후 상태를 지켜보자.

앵무새와 외출할 때는 부담이 적은 이동수단으로

외출할 때는 앵무새를 적당한 사이즈의 이동용 새장에 놓고 새장 안에 자주 먹는 모이를 뿌려둔다. 수분은 채소와 과일로 보충하고 날이 추우면 휴대용 난로로 보온한다. 이동은 되도록 단시간으로 제한하고 부담이 적은 수단을 택한다. 자동차를 이용하더라도 차내에 무엇이 있을지 모르니 자유비행은 피하는 것이 좋다. 전철이나 기차로 이동할 때는 에어컨 바람에 주의하고 반드시 금연실을 선택하자. 단, 비행기를 탈 때는 앵무새를 화물칸으로 보내야 하므로 얼마간의 위험을 각오해야 한다. 위험을 최소한으로 줄이기 위해 탑승하기 직전까지 곁에 두고 내리자마자 찾으러 가자.

1 외출에 편리한 이동용 새장

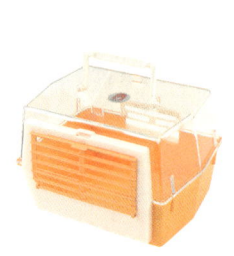

소형 앵무새의
외출과 통원에 안성맞춤인
콤팩트 캐리어.
(20×15×14cm)

세로 방향으로 문이 크게 열려서
꽁지가 긴 소형과 중형까지
이용할 수 있는 이동용 새장.
(296×23.3×30.5cm)

2 앵무새를 집에 혼자 둘 때 주의할 점 5가지

1 냉난방기를 켜놓자.
집을 떠나 있기 때문에 기온 등 환경이 달라져도 즉시 대응할 수 없다. 최대한 쾌적한 환경에서 지낼 수 있도록 냉난방기를 켜고 온도설정을 해두자.

2 모이는 넉넉히 넣어준다.
모이나 물은 용기에 넉넉히 넣어두되 여러 곳에 분산시키자. 통 하나를 엎더라도 다른 통에 담긴 모이를 먹을 수 있게 하기 위해서다.

3 하단 철망은 분리한다.
만일 여러 개의 모이통을 모두 엎어버려 모이가 철망 밑으로 다 쏟아진다면 앵무새는 어쩔 수 없이 굶게 된다. 모이통을 엎어도 떨어진 것을 주워 먹을 수 있도록, 집을 비울 때는 철망을 빼놓는다.

4 덮개는 덮지 않는다.
가족이 없으면 불안해서 앵무새가 공황을 일으킬 수 있다. 일부 앵무새는 깜깜한 밤중에 갑자기 깨어 날뛰다가 철망에 부딪혀 피를 보기도 한다(왕관앵무의 '나이트 프라이트Night fright'). 덮개는 벗기고 약한 조명을 켜서 밤에도 앞이 희미하게 보이도록 하자.

5 라디오를 켜놓는다.
익숙한 가족의 목소리나 생활소음이 전혀 없이 조용한 상태가 지속되는 것도 앵무새를 불안하게 만드는 일이다. 라디오를 작게 틀어놓으면 그런 불안을 조금은 줄일 수 있다.

 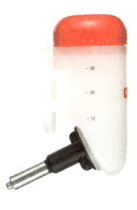

철망에 부착하는 세로형 물통. 사육자가 집에 없을 때 앵무새가 물을 엎어버릴 염려가 없다.

앵무새를 맡길 때
앵무새를 맡긴다면 펫호텔이나 동물병원이 안전하다. 그러나 건강한 앵무새를 맡긴다고 해도 시설마다 환경이 가지각색이니 전염병을 옮기지는 않을지, 맡기는 조건은 어떤지 사전에 꼼꼼히 확인해두자.

앵무새 번식시키기 & 새끼 키우기

앵무새의 둥지 짓기
가족을 늘리고 싶을 때

정말로 둥지 짓기가 필요한지부터 곰곰이 생각해요

'둥지 짓기'란 앵무새를 번식시키는 것을 말한다. 앵무새에게 가족을 만들어주고 싶더라도, 일단은 자신의 앵무새가 정말로 가족이 필요한지 곰곰이 생각해보자. 산란은 암컷의 몸에 상당한 부담과 위험을 초래한다. 게다가 한꺼번에 여러 마리의 새끼가 태어나므로 그것들을 모두 다 책임지고 키울 수 있는지, 아니면 입양할 사람이 있는지도 찾아보아야 한다. 다양한 사항을 검토한 후에도 둥지 짓기를 하고 싶다면 수의사와의 상담을 거쳐 신중하게 진행하자.

부모가 없는 새끼를 키울 경우

부모로부터 먹이를 받아먹어야 할 새끼(생후 3개월 이전)를 사람이 키울 경우, 환경정비가 가장 중요하다. 혼자 지내는 새끼는 몸을 덥혀줄 부모나 형제가 없어서 체온이 금세 떨어지므로 히터를 켜주거나 물을 넣은 보온용 컵을 새장 안에 넣어주어야 한다. 면밀하게 관찰하여 새장 안이 덥거나 추운 것 같으면 (112~113쪽 참조) 온도를 조절하자. 그리고 이유식 먹이는 시간 이외에는 새장 안이 어두컴컴하도록 하얀 수건을 새장에 살짝 덮어둔다(핸드피딩 방법은 126~127쪽 참조).
체력이 금세 떨어지는 시기이므로 수의사와도 자주 상담하는 것이 좋다.

[새끼를 키우기 위해 준비할 것]
- 새끼용 새장(곤충용 플라스틱 케이스 등)
- 펫히터
- 새끼용 모이(이유식 등. 126쪽 참조)
- 이유식 스푼
- 바닥에 까는 종이(페이퍼타올 등)

온도는 26~30℃, 습도는 60~70%가 이상적이다. 쾌적한 환경이 유지되는지, 새끼의 상태와 온습도계를 꼼꼼히 확인하자.

둥지 짓기 과정

1. 상견례

상대를 새로 맞이할 경우에는 펫숍 등에서 성격이 잘 맞고 건강한 앵무새를 골라서 새장 너머로 상견례를 시킨다.

> [필요한 용품]
> - 번식용 새장(전용 모이통, 물통, 횃대 포함)
> - 둥지상자
> - 둥지재료

2. 동거

상견례를 한 후 며칠간 문제가 없으면 성격이 잘 맞는 것으로 볼 수 있다. 그렇다면 둥지상자를 설치한 새장에 둘을 함께 넣어보자. 새장은 약간 어둡고 차분한 곳에 두는 것이 효과적이다.

3. 발정과 교미

발정을 촉진하기 위해 고칼로리, 고단백 모이를 주자. 수컷이 구애행동(120~121쪽 참조)을 하면 발정이 시작된 것이다. 머잖아 수컷이 어깨를 올려 날개를 펼치고 암컷이 그에 응하여 꽁지깃을 올리면 수컷이 그 위에 올라타서 교미할 것이다. 그 후 암컷이 둥지상자에 틀어박히면 산란 준비에 들어갔다는 뜻이다.

4. 산란

암컷은 최초의 교미로부터 일주일쯤 둥지상자에 머무는데, 그동안 배가 매우 딱딱해진다. 그리고 냄새가 지독한 커다란 변을 눈 이후 산란이 시작된다. 앵무새는 한 번의 둥지 짓기로 보통 대여섯 개의 알을 낳는다.(※산란 후 8~14일 사이에 어두운 곳에서 손전등으로 알을 비췄을 때 실핏줄이 보이면 유정란이다.) 산란 중에는 암컷의 영양균형에 특히 주의하여 고칼로리, 고단백 펠릿 사료나 칼슘 보강을 위한 굴껍데기 가루, 잎채소 등을 주도록 하자.

5. 포란(알품기)

암컷이 알을 품기 시작하면 수컷은 둥지상자로 모이를 날라준다. 어떤 수컷은 가족을 지키기 위해 둥지상자 앞에서 망을 보기도 한다. 앵무새의 종류에 따라 포란하는 방식과 기간은 각각 다르다. 그러므로 앵무새가 스트레스를 받지 않도록 조심하면서 알품기가 언제 시작되었고 알은 몇 개이며 암컷의 상태는 어떤지를 살펴보자. 알을 품기 시작했다면 모이는 보통 때처럼 주면 된다.

6. 부화

알품기를 시작한 후 17~23일쯤 되면, 일부 부화되지 않는 알(중지란)을 제외하고는 산란한 순서대로 새끼가 부화된다. 부모는 자신이 먹은 모이를 토해서 부화된 새끼들에게 먹인다. 이때 사육자는 온도를 26~30℃, 습도를 60~70%로 유지하고 위생관리를 철저히 하며 부모에게 영양적으로 균형 잡힌 먹이를 제공해야 한다. 단, 새끼 돌보는 일은 부모에게 맡기자. 둥지상자를 너무 자주 들여다보면 부모가 새끼에게 소홀해질 수 있다.

7. 새끼 키우기

갓 부화한 새끼는 털이 없고 눈도 뜨지 못한다. 그러다 일주일쯤 되면 눈이 떠지고 2주 정도면 전신에 배내털이 나기 시작하며 3주가 되면 깃털 색이 선명해진다. 그래도 생후 35~90일경까지는 부모가 먹이를 먹여주어야 한다. 사육자는 부모에게 영양적으로 균형 잡힌 먹이를 계속 제공하자. 만약 새끼를 손에 태우는 앵무새(애완조)로 기르고 싶다면 이 시기에 부모 대신 이유식을 먹이는 것이 좋다.

앵 무 새 번 식 시 키 기 & 새 끼 키 우 기

새끼를 건강하게 키우는 핸드피딩(이유식) 방법

껍질 벗긴 좁쌀

포뮬러(유동식)

핸드피딩으로 파우더푸드 또는 껍질 벗긴 좁쌀을 먹여요

본래 새끼는 생후 35~90일경까지 부모에게서 먹이를 받아먹고 자란다. 만약 부모가 없거나 부모에게서 분리되었다면 부모 대신 사람이 모이를 먹여야 한다.

예전에는 새끼에게 난조(좁쌀과 난황, 벌꿀 등을 섞은 것)를 먹였지만 영양적으로 균형이 맞지 않아 최근에는 '포뮬러'라는 파우더푸드를 쓴다. 단, 파우더푸드를 잘 먹지 않는 새끼이거나 곡물에도 익숙해지게 하고 싶을 때는 파우더푸드와 껍질 벗긴 좁쌀을 섞어 핸드피딩으로 먹여도 된다.

이유식 먹이는 법

● **파우더푸드만 먹일 경우**

1 파우더푸드를 필요한 만큼만 용기에 덜어낸 다음 더운물에 녹여 죽처럼 만든다. 이때는 반드시 뜨거운 물이 아닌 60℃ 이하의 물을 써야 한다. 뜨거운 물에 들어가면 단백질과 전분질이 변성되어 배와 소낭(소화관의 일부, 먹은 것이 일시적으로 머무는 곳)에 곰팡이를 끼게 하므로 앵무새가 소화불량을 일으키게 된다.

2 초기의 농도는 핫케이크 반죽보다 조금 더 부드러운 것이 적당하다. 새끼가 성장함에 따라 물의 양을 조금씩 줄여서 걸쭉하게 만든다.

3 새끼에게 먹이기 전에 뜨겁지 않은지 반드시 확인하고 40℃ 정도로 식혀서 먹이자. 뜨거운 죽을 먹다가 새끼가 소낭에 화상을 입는 경우가 종종 있다.

● 파우더푸드 + 껍질 벗긴 좁쌀의 경우

1 | 약조기 이후에는 영양가를 위해 껍질이 있는 곡물을 먹어야 하지만, 핸드피딩을 하는 새끼에게는 껍질이 질기므로 껍질 벗긴 좁쌀을 먹인다. 껍질 벗긴 좁쌀은 30분 이상 물에 불려서 쓴다.

2 | 불린 좁쌀을 따뜻한 물에 넣어서 데운다. 이때도 포뮬러를 녹일 때와 마찬가지로 60℃ 이하의 물을 사용한다.

3 | 좁쌀이 따뜻해지면 물을 따라내고 파우더푸드를 섞는다. 처음에는 반반 정도로 섞었다가, 잘 먹지 않으면 좁쌀을 조금씩 늘리고 익숙해지면 줄여나간다.

4 | 60℃ 이하의 물을 넣어 죽 형태로 만든 뒤 40℃ 정도까지 식힌다. 처음에는 핫케이크 반죽보다 조금 더 부드럽게 만들다가 새끼가 성장할수록 물을 조금씩 줄여 걸쭉하게 만들어간다.

핸드피딩 방법

[핸드피딩의 기본]
- **최적의 시간** | 아침 7시부터 가능한 한 밤늦게까지, 3~4시간 간격으로 먹인다. 소낭(목에서 가슴 부근)을 살살 만져보아 비어 있는 듯할 때 먹이는 것이 이상적이다.
- **양** | 종에 따라 다르지만 소형 앵무새의 새끼는 먹지 않으려고 할 때까지 먹여도 된다.
- **횟수** | 생후 1개월경까지는 하루에 4~5회 먹인다.

● **전용 펌프**

파우더푸드를 흘리지 않고 먹일 수 있는 주사기 모양의 급식기다. 펌프 끝에 노즐을 꽂아서 쓰기도 하지만 노즐은 길이가 꽤 길어서 자칫하면 새끼의 기관을 찌를 수 있다. 처음에는 노즐을 빼고 본체만 쓰는 것이 안전하다.

● **전용 숟가락**

숟가락을 부리 가까이에 갖다대보자. 먹성 좋은 새끼는 스스로 먹으려 할 것이다. 부리를 열고 기다린다면 숟가락을 아랫부리 위에 올리듯이 하여 먹이면 된다. 숟가락에 모이를 조금씩 담아야 새끼가 목이 메지 않는다.

핸드피딩용 푸드 펌프

숟가락과 용기 세트

먹이기 쉽도록 앵무새의 부리 모양을 본떠 만든 숟가락

앵 무 새   번 식 시 키 기   &   새 끼 키 우 기

핸드피딩 후 먹이를 스스로 먹게 하는 법(알곡 적응)

1개월경부터 시작해요

생후 1개월경이 지나면 새끼는 점차 모이를 스스로 먹게 된다. 사람으로 치면 이유기에 해당하는 시기다. 개체에 따라 속도가 다르니 앵무새의 상태를 보아가며 천천히 진행하자.

스스로 먹이를 먹게 하는 요령

● 알아서 쪼아 먹을 수 있도록 새장 바닥에 껍질 없는 좁쌀, 껍질 있는 혼합곡물, 펠릿 사료를 뿌려둔다. 모이를 스스로 먹는다면 새장에 물을 넣어준다.

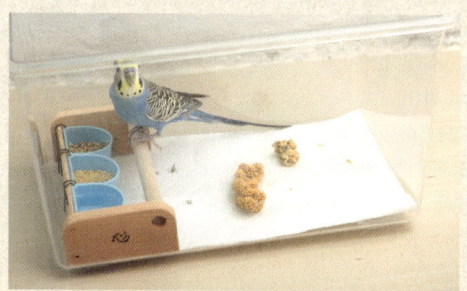

● 스스로 먹기 시작하면 핸드피딩 횟수를 서서히 줄이는 대신 껍질 없는 좁쌀, 껍질 있는 성조용 혼합곡물과 물을 각각 넣어주고 좁쌀이삭 등도 넣어준다.

● 1개월이 지나면 아침에 배가 비어서 체중이 떨어질 때에만 핸드피딩을 하고 낮에는 핸드피딩 횟수를 줄인다.

● 스스로 먹기 시작했다면 매일 체중을 잰다. 핸드피딩 횟수를 줄여도 체중이 줄지 않는지 확인하려는 것이다. 만약 식욕이 없고 체중이 줄어든다면 빨리 수의사와 상담하자.

● 조금씩 자립시키기 위해 횃대에 앉히는 훈련을 시작하자. 모이통 높이에 맞춘 낮은 횃대를 준비해도 좋고 연습용으로 판매되는 모이통과 횃대 세트를 구입해도 좋다.

PART 5

앵무새를 건강하게 만드는 음식

크기와 종에 따른 앵무새의 음식

앵무새에게 적합한 모이를 주세요

앵무새의 주식은 좁쌀과 피 같은 곡물과 완전 영양식인 펠릿 사료다. 그 외에 채소와 과일, 칼슘사료 등의 부식으로 영양을 보충하고 가끔 주전부리로 간식을 주면 된다.
모이를 선택하려면 우선 자신의 앵무새가 무엇을 먹는 종인지 알아야 한다. 잘못된 모이를 주면 앵무새의 건강을 해치게 된다.

앵무새에게 필요한 영양 만점 식단

주식　▶136쪽

영양 균형을 고려하여 곡물과 펠릿 사료를 배합하여 먹이는 것이 이상적이다.

펠릿 사료

곡물

부식　▶138쪽

주식만으로는 부족하기 쉬운 영양소를 보충하기 위해 채소와 들풀, 칼슘사료 등을 필요에 따라 먹인다.

녹황색 채소

들풀

간식　▶140쪽

식생활의 즐거움과 사육자와의 원활한 소통을 위해, 또는 칭찬하기 위해 준다. 단, 과식에 주의해야 한다.

칼슘 펠릿 사료

앵무새 크기에 따른 급식법

소형 앵무새

소형 앵무새에게는 대개 거친 음식이 좋다. 지방이나 당분은 최소한으로 제한하자. 간식으로는 귀리나 메밀, 좁쌀이 좋다. 해바라기씨처럼 지방이 많은 간식은 가끔씩만 주자.

중형 앵무새

소형 앵무새만큼은 아니지만 역시 영양과다가 되지 않도록, 특히 지방을 과다하게 섭취하지 않도록 주의하자. 펠릿 사료를 먹일 경우, 대형용 펠릿 사료가 더 적합한 종도 있으니 사료를 구입한 곳에 정확히 확인하기 바란다.

대형 앵무새

큰 몸집을 유지하려면 충분한 영양을 섭취해야 한다. 그런데 주식만으로는 영양이 부족하니 채소나 과일 등 부식을 매일 먹여야 한다. 단, 붉은관 유황앵무처럼 살찌기 쉬운 대형 앵무새의 경우에는 과식하지 않도록 양을 조절하자.

종류별 앵무새의 식성

앵무새의 식성은 주식으로 무엇을 먹느냐에 따라 크게 네 가지로 나뉜다. 종별로 먹어야 할 음식, 피해야 할 음식이 있으니 참고하자.

❶ **곡물성**穀物性 곡물을 주로 먹음. 사랑앵무, 왕관앵무 등.
❷ **과식성**果食性 과일과 씨앗을 주로 먹음. 청모자 아마존앵무 등.
❸ **밀식성**蜜食性 꽃가루와 꽃의 꿀을 주로 먹음. 장수앵무, 청해앵무 등.
❹ **잡식성**雜食性 식물과 벌레 등을 먹음. 큰유황앵무, 분홍관앵무 등.

횟수, 양 등 앵무새의 기본적인 식사법

정해진 양이 없고 횟수도 앵무새 나름이에요

앵무새는 사이즈와 종에 따라 먹는 양이 각각 다르므로 하루에 얼마를 먹어야 한다는 기준은 없다. 앵무새가 너무 살이 찌거나 마르지 않고 적정 체중을 유지하는 양이 최적이다(142쪽 참조). 또 앵무새는 한꺼번에 많이 먹지 못하므로, 먹는 횟수 역시 앵무새의 식욕에 맡겨야 한다. 배가 고플 때마다 모이를 쪼아 먹을 수 있도록 모이통을 항상 채워놓는다.

횟수

**모이는 하루에 한 번 넣어주되,
날이 바뀌기 전이라도 많이 줄어들었다면 보충한다**

모이는 하루에 한 번 준다. 앵무새는 규칙적인 생활을 좋아하므로 매일 아침 정해진 시간에 모이를 주는 것이 좋다. 단, 오후나 저녁에 모이통을 확인해서 양이 많이 줄어들었다면 반드시 보충하자. 참고로 곡물이 아직 많이 남은 것처럼 보여도 껍질만 남아 있을 수 있으니 잘 살펴보자.
물도 아침에 모이를 줄 때 함께 갈아준다. 물에 모이나 변이 들어갈 수 있으니 저녁에 한 번 더 갈아주면 더욱 위생적이다.

양

**앵무새의 몸을 만져보거나
체중을 재가며 조절한다**

먹는 양은 앵무새의 종과 사이즈, 몸 상태에 따라 각기 다르다. 또 성장단계에 따라서도 달라진다. 앵무새가 비만해지지 않고 적정한 체중을 유지한다면 그 양이 최적이다. 그러므로 수시로 몸을 만져보거나 체중을 재는 등의 방법으로 앵무새의 체격을 꼼꼼하게 확인하자(142쪽 참조). 단, 앵무새는 한꺼번에 많이 먹지 못해서 한나절 정도만 굶어도 쇠약해지니 모이가 바닥나지 않도록 주의하자.

모이를 주는 순서

1 모이는 하루에 한 번 준다
매일 아침 정해진 시간에 새장을 청소하면서 모이를 준다.

2 곡물껍질을 버린다
껍질만 남아 있을지 모르니 입김을 훅 불어서 껍질을 날려버리고 어제 얼마나 먹었는지 확인한다.

3 새로운 모이를 채운다
가능한 한 남은 모이는 다 버리고 새로운 모이를 채워준다. 오후나 저녁에 보충할 때는 그냥 추가해도 괜찮다.

4 용기를 새장에 설치한다
새 물과 새 모이를 담은 깨끗한 물통과 모이통을 새장에 걸어준다.

모이를 줄 때 주의할 점

- **물통은 매일 씻는다**
물통은 금세 물때가 끼어 불결해지기 쉽다. 매일 아침 물을 갈아주면서 물통도 깨끗이 씻자.
- **외출할 때는 모이를 넉넉하게 준다**
귀가가 늦어지더라도 앵무새가 배를 곯지 않도록 외출 전에 모이를 넉넉하게 넣어주자.
- **모이는 매일 새 것으로 갈아준다**
곡물이든 펠릿 사료든 먹고 남은 모이 위에 새로운 모이를 보충하는 것은 비위생적이다. 아깝겠지만 전부 버리고 매일 새 것으로 갈아주자.
- **물은 하루에 두 번 교체한다**
세로형 물통이 아니라면 물속에 모이나 변이 들어가 더러워질 수 있다. 가능하면 아침과 저녁, 하루에 두 번씩 물을 갈아주는 것이 좋다.

앵무새의 주식

균형 잡힌 식생활을 위한 곡물과 펠릿 사료

곡물은 자연의 먹이에 가장 가까운 주식이다. 곡물 중에서도 다양한 종류가 포함된 혼합곡물을 구입하여 먹이는 것이 좋다. 필요하다면 보충할 영양소가 들어 있는 곡물을 추가해서 준다.
한편 펠릿 사료는 앵무새에게 필요한 영양소가 모두 들어 있는 완전 영양식으로, 앵무새의 사이즈, 종, 몸 상태에 맞는 다양한 상품이 나와 있다. 간혹 편식하는 앵무새들이 있으니, 곡물과 펠릿 사료를 가능한 한 다양하게 주는 것이 좋다.

곡물

껍질 붙은 것과 껍질 벗긴 것이 있는데, 이유기의 새끼 외에는 껍질이 붙은 것을 먹이는 것이 좋다. 앵무새가 껍질을 벗기는 재미도 있고 영양가 역시 월등하기 때문이다. 혼합되지 않은 한 가지 곡물이나 씨앗을 간식으로 주어도 괜찮지만 양이 과다해지지 않도록 주의하자.

혼합곡물(껍질 붙은 것)

조, 피, 기장, 카나리아풀 씨앗 등 네 가지 곡물이 혼합되어 있다. 껍질에 영양가가 많으니 껍질 붙은 것으로 선택하자.

껍질 벗긴 것은 이런 모양이다.

단독 곡물

조
저칼로리, 단백질과 비타민 B1, 칼슘 함유

기장
저칼로리, 지질과 칼슘은 적고 탄수화물이 많음

피
저칼로리, 몸에 좋은 고칼슘 곡물

카나리아풀 씨앗
단백질과 지질이 많고 앵무새들이 좋아함

귀리
단백질과 칼슘이 풍부하나 지질이 많으므로 과다섭취에 주의

메밀 씨앗
지질이 적고 양질의 단백질과 칼슘이 많아 앵무새의 건강에 좋음

조 이삭
저칼로리, 앵무새가 쪼아 먹는 재미를 느낄 수 있음

펠릿 사료

곡물만 먹을 때 편중되거나 결핍되기 쉬운 영양소인 필수아미노산과 미네랄이 풍부하다. 사이즈별로도 나와 있지만 건강상태별로도 선택할 수 있다. 참고로 왕관앵무에게는 소형용보다 조금 큰 왕관앵무 전용 사료 또는 중형용 사료가 좋다.

내추럴 펠릿
변 색상을 보고 앵무새의 건강을 판단하기 위해서는 색깔이 없는 펠릿을 주식으로 먹이는 것이 좋다.

소형용
[주프림Zupreem 내추럴 패러킷]

중형용
[주프림 내추럴 왕관앵무]

대형용
[주프림 내추럴 패럿 & 코뉴어]

컬러 펠릿
색상이 화려하며 색상마다 맛이 달라서 앵무새들이 좋아한다. 그러나 변에 사료 색깔이 그대로 나타나므로 건강상태를 파악하기가 어렵다.

소형용
[주프림 프루츠블렌드 패러킷]

중형용
[주프림 프루츠블렌드 왕관앵무]

대형용
[주프림 프루츠블렌드 패럿 & 코뉴어]

건강상태별 펠릿
비만한 앵무새에게는 다이어트용 사료를 먹인다. 또 산란이나 털갈이를 하는 앵무새에게는 지방과 단백질이 많은 하이에너지 사료를 먹인다.

다이어트용 사료
[라우디부시Roudybush 로펫]

하이에너지 사료
[라우디부시 브리더, 해리슨 하이포텐시]

앵무새가 좋아하는 부식

영양보충과 즐거운 식생활을 위한 앵무새의 부식

주식으로 곡물만 먹이다 보면 아무래도 미네랄과 비타민이 부족하기 쉽다. 그래서 영양보충을 위해 채소 등의 부식을 매일 먹여야 한다. 펠릿 사료를 먹는 앵무새 역시 채소를 갉거나 씹으며 먹는 즐거움을 느낄 수 있다. 새장에 다양한 잎채소와 뿌리채소, 들풀을 넣어주자.
채소류는 신선한 것으로 고르고 물로 씻어서 먹인다. 무농약 채소라면 더욱 좋을 것이다.

채소류

비타민, 미네랄이 풍부한 녹황색채소는 앵무새에게 이상적인 부식이다. 뿌리채소는 다양한 모양으로 잘라서 먹는 재미를 더해주자.

잎채소
가능하면 매일 주는 것이 좋다. 날마다 다양한 잎채소를 먹이자.

기타 채소
호박은 열을 가하면 전분이 변성되므로 익히지 않고 먹인다.

들풀

잘 씻어서 먹여야 한다. 앵무새가 먹지 않을 수도 있으니 좋아하는 것을 잘 찾아보자.

냉이   클로버   별꽃

기타 부식

채소 이외의 부식은 거의 장기적으로 먹이는 것이라서 새장에 한 번 넣어놓고 잊어버리기 쉽다. 그러나 위생을 생각한다면 정기적으로 닦고 햇빛에 말리는 것이 좋다.

칼슘사료

산란하는 암컷에게 주면 골격과 알껍데기를 만드는 원료가 된다. 곡물만 먹는 앵무새에게 주면 칼슘결핍증을 예방할 수 있다.

비타민제

곡물만 먹는 앵무새의 경우, 채소 등 부식만으로는 부족하기 쉬운 비타민과 미네랄 등을 보강한다. 새장 안 물통의 물에 녹여서 먹인다.

굴껍데기 가루
굴껍데기를 잘게 부순 것.

케틀본
갑오징어 뼈를 말려서 가공한 것.

조류용 비타민 보조식품

염토

흙과 염분을 유황칼슘으로 굳힌 것. 먹으면 안 되는 앵무새도 있으니 수의사에게 문의하자.

염토

앵무새의 간식과 피해야 할 음식

간식을 효과적으로 활용하고 너무 많이 주지 마세요

간식은 앵무새의 식생활에 먹는 재미를 더해준다. 그뿐만 아니라 손으로 직접 간식을 먹이다 보면 사육자와의 소통도 원활해진다. 그러나 대부분의 간식에는 지방과 당분이 많으므로 과식하면 앵무새가 비만해질 수 있다. 과식에 주의하면서 간식을 효과적으로 활용하자.
또 채소나 과일 중에도 앵무새에게 위험한 것이 있다. 어떤 것이 있는지 잘 기억하여 앵무새를 보호하자.

간식

시중의 간식
다양한 상품이 있으니 앵무새의 입맛대로 고르면 된다. 혹은 껍질 있는 곡물(136쪽) 중 앵무새가 좋아하는 것을 간식으로 활용해도 된다.

과일
비타민이 풍부하지만 당분이 많으니 과식하지 않도록 주의하자. 사과와 체리는 씨앗에 중독성이 있으므로 주지 않는다.

곡물스틱
곡물에 시럽 등을 부어 굳힌 것

해바라기씨

호박씨

말린 과일

사과   귤

딸기   바나나

NG! 앵무새에게 주면 절대로 안 되는 음식

사람의 음식은 대개 지방과 당분 등 열량이 높으며 앵무새에게 중독을 유발할 수 있으므로 절대 먹여서는 안 된다. 일부 채소나 과일도 중독을 일으킬 수 있으니 주의하자. 그 외에도 무슨 음식이든 처음 줄 때는 수의사에게 문의하는 것이 안전하다.

사람이 먹는 음식

지질과 당분이 많을 뿐 아니라, 밥 등의 가열된 전분은 앵무새의 소화관 내에 곰팡이를 끼게 한다. 또 초콜릿은 중독을 일으킨다.

면류 밥
식빵
케이크 초콜릿

과일

아보카도는 앵무새에게 치명적인 맹독이라서 먹으면 목숨이 위험하니 절대 금지. 사과와 체리는 과육은 괜찮지만 씨는 먹을 수 없으니 주의하자.

아보카도

채소

시금치의 성분은 칼슘 흡수를 방해한다. 모로헤이야(궁중채)와 파, 양파도 중독을 일으킬 수 있다.

시금치

모로헤이야(궁중채)

파, 양파

SPECIAL TIP

앵무새의
비만에 주의하자

가슴뼈를 만져보고 앵무새의 체격을 파악하자

앵무새는 전신이 깃털로 덮여 있어서 겉으로만 보아서는 제대로 파악하기 어려우므로 손으로 만져보고 체격을 확인해야 한다. 앵무새의 가슴 중앙에는 삼각형으로 뾰족하게 튀어나온 '용골돌기'라는 뼈가 있다. 가슴과 배의 깃털을 헤치고 만져보았을 때 이 용골돌기가 얼마나 느껴지는지를 보면 앵무새의 체격을 파악할 수 있다. 단, 비만이라고 느껴져도 임의로 식사를 제한해서는 안 된다. 앵무새는 조금씩이라도 먹지 않으면 금세 쇠약해져 죽게 되기 때문이다. 비만이 의심된다면 반드시 수의사의 지도하에 다이어트를 실시하자.

위에서 본 가슴의 살집

- **마름** 삼각형으로 뾰족하게 돌출된 것이 겉으로도 보인다. 손을 대면 용골돌기의 삼각형 끝이 손끝에 탁 부딪힌다.

- **적정** 가슴에 적당히 살집이 있어서 겉으로는 용골돌기가 보이지 않지만 손을 대면 뾰족한 끝부분이 만져진다.

- **비만** 가슴에 전체적으로 살이 붙어 둥그스름해져 있다. 용골돌기는 보이지 않고, 만져보아도 끝부분을 거의 느낄 수 없다.

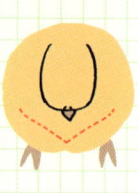

체중은 매일 재자!

체중은 가능한 한 매일 정해진 시간에 재자. 적당한 체격일 때의 체중이 어느 정도인지 확인해두면 체중 변화가 있을 때 몸 상태를 쉽게 가늠할 수 있다. 또 체중에 관한 정보는 수의사의 진단과 치료에도 큰 도움이 된다.

PART 6

앵무새의 습성과 기분

앵무새의 감각과 기분

오감 중 특히 시각이 발달했어요

앵무새는 날아다니며 모이를 찾는 동시에 적의 존재를 감지하기 위해 시각이 매우 발달했다. 청각은 사람과 비슷한 수준이며, 후각과 미각은 그다지 발달하지 않았으나 냄새나 맛에 따라 모이를 구분할 수 있다. 촉각도 민감하여 사육자가 쓰다듬으면 좋아한다.
또한 앵무새는 어리광을 부리거나 질투를 하는 등 감정이 풍부하다. 반면 스트레스에 약하므로 자신의 앵무새가 무엇을 좋아하고 무엇을 싫어하는지 알아두어 스트레스를 줄여야 한다.

앵무새의 감각

후각
그다지 발달하지 않았으나 불쾌하거나 강렬한 냄새에는 즉시 반응한다.
냄새로 모이를 골라 먹기도 한다.

미각
혀에 맛을 느끼는 '미뢰'는 많지 않지만 맛을 구분할 수는 있다.
맛으로 사료를 골라 먹기도 한다.

시각
시야가 넓고 동체시력도 뛰어나서 상당히 멀리까지 보인다.
사람은 구분하지 못하는 미묘한 색의 차이까지 구분한다.

청각
이름을 부르면 반응하고 큰 소리가 나면 놀라는 등 사람과 비슷한 수준으로 발달했다.
동료 앵무새들의 소리를 각각 구분한다.

촉각
사육자가 쓰다듬으면 좋아하는 앵무새가 많다.
단, 개체에 따라 만졌을 때 기분 좋은 곳과 불쾌한 곳이 다르다.

앵무새의 기분

좋아하는 색이 있을까?
특정한 색을 선호하는 앵무새가 많다. 그래서 펠릿 사료나 모이를 먹을 때 빨간색, 녹색 등 좋아하는 색만 골라 먹기도 한다.

쓰다듬어 주면 좋아하는 곳은?
일반적으로는 귀 주변, 머리 등을 쓰다듬으면 좋아한다. 좋아하는 곳을 쓰다듬으면 행복한 표정으로 눈이 게슴츠레해지므로 어디를 만지면 기분 좋은지 금세 알 수 있다. 좋아하는 곳을 쓰다듬으면 발정하는 암컷도 있다.

만지면 싫어하는 곳은?
엉덩이 주변과 꽁지 주변, 날개 등은 민감한 부분이라서 만지면 싫어하는 앵무새가 많다. 싫어하는 곳을 만졌을 때는 화난 듯이 공격적인 목소리로 짹짹거린다.

큰 소리를 싫어할까?
사람의 큰 목소리나 생활소음 등이 갑자기 나면 깜짝 놀란다. 그러니 갑자기 소리를 지르거나 문을 쾅 닫지 않도록 주의하는 것이 좋다.

앵무새가 무서워하는 것은?
사람의 손이나 천 등이 위에서 덮쳐누르는 것을 무서워한다. 그러므로 새장에 손을 넣을 때는 위에서 덮치는 듯한 동작은 피하는 것이 좋다.

앵무새의 지능과 인지력

유아와 비슷한 지능을 지녔으며, 감정교류가 가능해요

앵무새의 지능 수준은 사람의 3~5세와 비슷하다. 일부 종의 경우, 상황에 맞는 대답을 정확하게 하는 등 사람과의 대화가 가능하기도 하다. 미국의 한 연구에서도 앵무새의 인지력이 침팬지나 돌고래와 동등하거나 더 뛰어난 것으로 밝혀졌다. 그래서 앵무새는 불쾌한 경험도 오랫동안 간직한다.
앵무새는 감정표현이 풍부하며 목소리나 표정을 통해 사람의 감정을 민감하게 파악할 수 있다. 그래서 앵무새를 기르다 보면 반려동물과 마음이 통하는 기쁨을 맛보게 된다.

앵무새가 이것도 할 수 있을까요?

사육자를 인식할까?

매일 돌보아주는 사육자를 확실히 인식한다. 목소리와 외모로 사육자를 정확히 알아보고 반응한다. 사육자의 냄새까지 인식하기도 한다. 심지어 가족구성원을 모두 구별하고, 친숙한 가족과 그렇지 않은 사람을 구별한다. 그래서 낯선 사람이 오면 긴장해서 평소와는 다른 모습을 보이는 것이다.

자신의 이름을 기억할까?

자신의 이름을 여러 번 들으면 그것을 확실히 기억하고 반응한다. 여러 마리를 기르다 보면 각각의 앵무새가 자기 이름에 반응하는 것을 알 수 있다. 자신의 이름과 같은 소리로 시작되는 말이 들리면 자신의 이름이 불린 것으로 착각하고 소리가 나는 쪽을 쳐다보기도 한다.

장소를 인식할까?

앵무새는 장소도 확실히 인식한다. 그래서 낯선 방이나 새장에 넣으면 불안해한다. 또 이동용 새장에 넣어져 동물병원에 갔다가 무서운 경험을 한 뒤로 이동용 새장에 들어가지 않으려 하는 앵무새도 많다.

칭찬과 꾸중

목소리나 표정으로 사육자가 기분이 좋은지 화가 났는지를 알아챈다. 칭찬이나 꾸중의 이유는 잘 모르지만 자신이 한 행동에 사육자가 반응한다는 것은 확실히 안다. 많은 앵무새들은 특히 사육자를 화나게 만든 행동을 확실히 기억하여 같은 행동을 반복하지 않으려고 한다(158쪽 참조).

앵무새에게도 '사회화'가 중요하다

'사회화'란 무엇이든 잘 적응하게 되는 것을 말한다. 개나 고양이도 생후 3개월 이전에 다양한 경험을 통해 사회화를 시키면 사람과 다른 동물에 대한 신뢰감이 높아져 사육하기가 한결 수월해진다. 앵무새는 핸드피딩을 하는 이유기가 사회화에 가장 적합한 시기다. 이때 무섭거나 불쾌한 경험을 하지 않도록 배려하면서 다양한 경험을 제공하자. 이 시기에 사육자와의 스킨십이 충분하면 성공적으로 손에 태울 확률이 높아지고, 사람을 신뢰하는 앵무새로 자라나 사람뿐 아니라 다른 동물과도 사이좋게 지낼 수 있다.

[사회화 시기에 적응시켜야 할 것]
- ☐ 다양한 모이
- ☐ 사람의 손
- ☐ 새장과 이동용 새장
- ☐ 사육자 이외의 사람
- ☐ 집 안의 물건
- ☐ 동물병원 등

행동으로
앵무새의 기분을 읽어요

다양한 행동으로 기분을 파악해요

앵무새는 표정이 매우 풍부하며 다양한 동작을 구사한다. 즐거울 때는 즐겁게 지저귀고 춤추듯 날아다 닌다. 슬플 때는 풀이 죽고 화가 나면 전신의 깃털을 곤두세워서 감정을 표현한다. 아래에 앵무새의 행동을 보고 감정을 읽어내는 방법을 소개했으니 참고하기 바란다.

기분을 표현하는 행동 17가지

① 고개를 갸우뚱한다

앵무새가 고개를 옆으로 기울이는 것은 한쪽 눈에 초점을 모아 흥미로운 물체를 더 잘 관찰하기 위해서다. 앵무새는 한쪽 눈으로 보아야 더 잘 보인다.

② 기지개를 켠다

한쪽 날개와 한쪽 발을 옆으로 들고 양 날개를 쭉 펼친다. 이는 쉬다가 무언가를 시작하려 할 때 취하는 동작으로, '개시행동'이라 불린다.

③ 우관을 세운다
왕관앵무 등이 우관(90쪽)을 바짝 세웠다면 놀라거나 긴장하여 무언가에 집중하는 것이다.

④ 얼굴의 깃털을 부풀리고 몸을 좌우로 흔든다
몸을 좌우로 흔드는 것은 상대에게 적의를 품었다는 뜻이며 얼굴의 깃털을 부풀리는 것은 화가 났다는 뜻이다. 이때는 가까이 가지 않는 것이 좋다.

⑤ 기분 좋게 지저귄다
앵무새가 즐겁게 지저귀는 것은 기분이 아주 좋다는 뜻이다.

⑥ 머리를 숙이고 다가온다
절하듯 고개를 푹 숙이고 다가오면 머리와 뺨을 쓰다듬어 달라고 응석을 부리는 것이다. 쓰다듬지 않고 가만히 있으면 '왜 아직도?' 하는 표정으로 올려다보기도 한다.

⑦ 횃대 위를 우왕좌왕한다
횃대 위에서 왔다 갔다 하며 안절부절못한다면 새장에서 나와 놀고 싶은 것이다.

⑧ 꽁지깃을 크게 펼친다
꽁지깃을 펼쳐서 몸을 크게 보임으로써 상대에게 허세를 부리는 것이다. 주로 위협감을 느낄 때 하는 행동이다.

⑨ 깃털을 다듬는다
부리로 태평하게 온몸의 깃털을 다듬는 것은 앵무새가 편안하다는 증거다. 다듬으면서 깃털을 부풀리기도 한다.

⑩ 날개를 으쓱으쓱 흔든다
날개를 어깨에서 조금 띄워 좌우로 흔드는 것은 기분이 좋다는 뜻이다. 간식을 달라거나 놀아달라고 조르는 것일 수도 있다.

⑪ 부리를 달그락달그락 부딪친다

졸릴 때 보이는 행동이다. 내일의 활동에 대비하여 부리를 가는 것이라고 한다.

⑫ 머리를 상하로 흔들며 먹은 것을 토한다

토해내기는 일종의 구애행동이다. 단, 얼굴을 좌우로 흔들며 토한다면 병에 걸린 것일지도 모르니 잘 지켜보자.

⑬ 얼굴 털을 부풀리며 훅 하고 숨을 뱉는다

화가 난 상태다. 상대를 매서운 눈으로 노려보며 입을 크게 벌리기도 한다. 이때는 건드리지 말고 가만히 내버려두자.

⑭ 날개를 펴고 새장에 매달린다

왕관앵무가 자주 보이는 특유의 행동으로, 이곳이 자신의 영역임을 주지시키려는 것이다.

⑮ 횃대를 부리로 쫀다
수컷의 구애행동의 일종으로 여겨진다. 단순히 재미로 소리를 낼 때도 있다.

⑯ 양쪽 날개를 펼쳐 퍼덕거린다
불쾌한 일을 겪은 후에 마음을 진정시키는 중이다. '이제 그만!'이라는 의사표현이기도 하다.

⑰ 등에 얼굴을 파묻는다
추울 때 보이는 행동이다. 일단 따뜻하게 해주자. 그래도 이 상태가 지속되면 병이 있을지 모르니 진단을 받아보자.

SPECIAL TIP

앵무새
그것이 알고 싶다 Q&A ❷

Q. 앵무새는 왜 말을 할까?
A. 암컷에게 멋있어 보이려고

말을 할 줄 아는 수컷은 암컷들에게 인기가 있다. 야생의 수컷 앵무새는 암컷의 울음소리를 잘 흉내 낼수록 인기가 많다. 그래서 말을 잘하는 앵무새는 거의 수컷이다. 집에서 기르는 앵무새는 암컷이 아닌 사육자의 마음을 끌기 위해 사람의 말을 흉내 낸다. 앵무새는 사람과 같은 성대가 없지만 '울대(명관)'라는 기관을 통해 공기를 내보냄으로써 목소리를 낼 수 있다(84쪽). 두꺼운 혀 역시 말하는 데 도움이 된다.

Q. 앵무새는 '야맹증'일까?
A. No! 앵무새는 밤눈이 밝다.

일본에서는 야맹증을 관용적으로 '새 눈'이라고 표현하기도 하지만, 앵무새만이 아니라 거의 모든 새는 밤에도 눈이 밝다. 철새는 별을 따라 밤에 이동하고 부엉이는 아예 야행성이다. '새 눈'이라는 말은 새가 대개 밝은 낮에 활동하기 때문에 생긴 것으로 보인다. 그러나 새가 밤에 활동하지 않는 것은 천적인 야행성 동물을 피하기 위해서이지 눈이 어두워서가 아니다.

PART 7

앵무새
길들이기 & 놀아주기

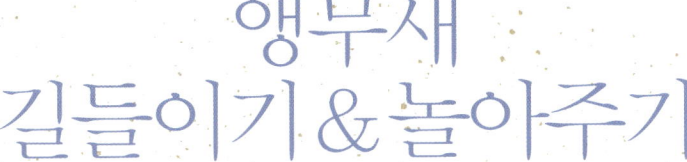

길들이려면 칭찬하세요

잘못된 방법으로 꾸중하면 오히려 나쁜 행동이 습관 돼요

앵무새가 나쁜 행동을 했을 때, 아무리 화난 목소리로 "이놈!", "그만두지 못해!"처럼 소리를 쳐도 앵무새는 알아듣지 못한다. 오히려 사육자의 관심을 끌었다고 착각해서 같은 행동을 반복하는 악순환에 빠지게 된다. 앵무새를 길들이고 싶다면, 못된 행동을 했을 때는 모른 척하다가 그 행동을 멈추었을 때 "잘했어!"라고 칭찬해야 한다. 그러면 앵무새는 '이 행동을 그만두어야 좋은 일이 생긴다'는 사실을 배우게 된다.

―― **착한 행동의 선순환** ――

1. "잘했어!"라고 칭찬한다.
2. 칭찬받아 기분이 좋아진다.
3. (착한 행동을) 반복한다.

―― **나쁜 행동의 악순환** ――

1. "이놈! 그만두지 못해!"라고 꾸짖는다.
2. '주목을 끌었다'고 착각한다.
3. (나쁜 행동을) 반복한다.

앵무새가 이해하기 쉬운 칭찬법과 꾸중법

앵무새는 사육자의 모습을 보고 희로애락을 판단한다. 어떤 행동을 하면 사육자가 기뻐하고 어떤 행동을 하면 화를 내는지도 민감하게 알아챈다. 앵무새는 이와 같은 칭찬과 꾸중의 반복을 통해 학습하므로, 앵무새가 사육자의 의도를 쉽게 알아챌 수 있도록 호들갑스러울 만큼 강하게 꾸중하거나 칭찬하는 것이 좋다.

어떤 행동을 했을 때 즉시 칭찬하거나 꾸중하는 것도 중요하다. 시간이 지나면 앵무새는 무엇 때문에 자신이 칭찬받고 꾸중을 듣는지 전혀 모르게 된다.

❶ 어조   ❷ 표정   ❸ 동작을 강하고 알기 쉽게!

[칭찬할 때]

❶ 높고 부드러운 목소리로 "착하지." "잘했어."라고 말한다.

❸ 쓰다듬거나 상을 준다.

❷ 웃는 얼굴로 앵무새를 바라본다.

[꾸중할 때]

❶ 강하고 차가운 말투로 "안 돼!"라고 말한다. 소리를 지르면 앵무새가 오히려 좋아하니 낮은 목소리로 냉정하게 말한다.

❷ 찡그린 얼굴로 앵무새를 쳐다본다.

❸ 억제의 표시로 손가락을 세워서 보여주는 것도 좋다. 나쁜 행동을 재미로 반복한다면 아예 무시하자.

상을 효과적으로 주는 법

- 평소에는 주지 않는 특별한 간식을 조금씩 준다.
- 너무 많이 주면 비만해지므로 분량과 횟수를 조절한다.
- 착한 행동을 하면 즉시 칭찬하며 간식을 준다.

대부분의 앵무새는 체중을 재거나 새장에 들어가는 것을 싫어한다. 그러나 체중을 재고 새장에 들어간 후에 상을 주다 보면 '이 일을 하고 나면 맛있는 것을 받을 수 있다'는 것을 알게 되어 예전만큼 싫어하지 않게 된다.

앵무새를 손에 태우는 훈련

훈련은 환경에 적응한 뒤에 하세요

앵무새를 손에 태우고 싶다면 되도록 어린 새를 데려오는 것이 좋다. 사람과의 접촉 없이 자라 성조가 된 앵무새는 훈련시키기가 무척 어려우므로 브리딩, 가정분양 등 핸드피딩으로 자란 약조를 고르자.
집에 막 도착한 앵무새는 새로운 환경을 처음 접해 긴장한 상태다. 그러므로 갑자기 훈련을 시작하지 말고 처음 며칠간은 조용히 지켜보자. 그러다 서서히 새장 안으로 손을 넣어 쓰다듬거나 이름을 부르거나 손으로 간식을 먹이자.

1 새장 안에 손을 넣어본다.

앵무새가 환경에 익숙해지면 새장 속에 가만히 손을 넣고 잠시 그대로 있어본다. 싫어하는 듯하면 무리하지 말고 손을 뺀다.

2 살짝 만져본다.

손을 무서워하지 않게 되면 앵무새를 가볍게 만져본다. 처음에는 긴장할지 모르지만 서서히 익숙해질 것이다.

3 손으로 간식을 준다.

손에 익숙해졌다면 간식을 손으로 먹여보자. 때때로 앵무새가 손에 올라타서 간식을 먹게 될 것이다.

4 손가락에 태운다.

앵무새의 발보다 약간 위쪽에 손가락을 내밀고 발을 가볍게 건드린다. 앵무새가 한쪽 발을 들었을 때 발을 손가락으로 살짝 밀어 올리면 다른 한쪽 발도 손가락에 올려놓을 것이다.

5 새장 밖으로 꺼내본다.

손가락에 잘 올라타게 되었다면 "올라타!"라고 말하며 ④를 반복한다. 익숙해지면 손가락에 태운 채 새장 밖으로 꺼낸다.

새끼 때부터 손에 태우는 훈련을 시킨다

앵무새를 손에 태우고 싶다면 새끼 때부터 기르는 것이 좋다. 사육자가 손으로 먹이를 먹여서 키워야 깊은 신뢰관계가 형성되기 때문이다. 또는 핸드피딩으로 자란 어린 새(2개월경)를 데려와도 괜찮다.

앵무새와 통하는 '네 가지 명령어' 훈련

네 가지 기본 명령

앵무새와의 원활한 의사소통을 위해서는 다음 네 가지 명령에 따르는 훈련을 시켜야 한다.
"올라가!" "내려와!" "안 돼!" "좋아!"
끈기 있게 반복하자. 훈련의 기본은 칭찬이므로 잘했을 때는 호들갑스러울 만큼 적극적으로 칭찬해주자. 또 훈련이라고는 해도 너무 엄격해질 필요는 없으니 사육자도 즐기는 태도로 진행하자.

1 "올라가!"

손과 횃대 등에 올라타게 하는 명령

훈련법

"올라가!"라고 말하며 손가락을 앵무새의 발 앞에 내민다(161쪽 순서④ 참조). 이 명령을 듣고 횃대에서 손으로 올라탈 수 있게 되었다면 오른손에서 왼손으로, 사육자의 손에서 타인의 손으로 이동시키는 등 다른 동작에도 차츰 도전해보자.

2 "내려와!"

손에서 횃대나 가구, 바닥 등으로 이동시키는 명령

훈련법

손에 올라탄 앵무새를 횃대나 가구, 바닥 등에 내려놓으며 "내려와!"라고 말한다. 명령 없이 스스로 내려가기도 하지만 그럴 때마다 즉시 "내려와!"라고 말함으로써 '사람의 명령에 따라 내려간 것'으로 각인시켜야 한다.

3 "안 돼!"

앵무새가 하려는 행동을 중지시키는 명령

훈련법

또박또박 강한 어조로 "안 돼!"라고 말한다. 단, '○○(앵무새의 이름)야, 안 돼!'라고 이름을 부르며 저지하지는 말자. 이름과 지시어가 뒤죽박죽이 되어 앵무새가 혼란에 빠진다. 사진처럼 손가락을 세워 억지의 신호를 전달하는 것도 좋은 방법이다(159쪽의 '꾸중할 때' 참조).

4 "좋아!"

앵무새가 하려는 행동을 허락하는 명령

훈련법

앵무새가 행동하기 직전에 "좋아!"라고 말한다. 허락의 신호로 머리를 쓰다듬는 것도 괜찮다. 명령 없이 앵무새가 행동할 수도 있지만 '사람의 허락을 받고 무언가 한다'는 사실을 각인시키는 것이 중요하다. 이 명령어는 너무 많이 쓰지 말고 꼭 필요할 때만 사용하자.

사육자와 앵무새 사이에 신뢰관계가 구축되어 있어야만 훈련이 가능하다.

말하기를 가르치는 법

말 잘하는 앵무새도 있고 못하는 앵무새도 있어요

말을 할 수 있다는 것은 앵무새의 큰 매력 중 하나다. 그러나 모든 앵무새가 말을 하는 것은 아니다. 앵무새 중에서도 잘하는 종과 못하는 종이 있고 개체에 따라서도 능력이 천차만별이다.

사랑앵무는 말을 잘하는 종이다. 한편 왕관앵무는 휘파람을 잘 분다. 그런데 이런 능력이 뛰어난 개체는 거의 수컷이며 암컷은 그다지 뛰어나지 않다. 대형 앵무새인 회색앵무나 모자앵무 종류는 복잡한 대화까지도 멋지게 소화할 수 있다.

말을 가르치는 요령

1 평소에 말을 많이 건다

"굿모닝!" "밥 먹자!" "이리 와!"처럼 일상적인 말을 자주 건다. 앵무새의 이름을 자주 불러주는 것도 좋다.
앵무새에게 말을 가르치는 데에는 톤이 높고 억양이 도드라지는 여성의 목소리가 좋다고 알려져 있지만, 의외로 낮은 소리로 말하는 앵무새도 있으니 남성도 괜찮다.

2 같은 상황에 같은 단어를 들려준다

아침에 일어나면 "굿모닝!" 모이를 줄 때는 "밥 먹자!" 등, 동일한 동작과 상황에서 동일한 단어를 들려주면 앵무새는 그 상황과 단어를 연결하여 기억하게 된다.

4 보이지 않는 곳에서 앵무새를 부른다

앵무새에게 말은 원거리 소통 도구의 일종이다. 새장 안에 있을 때 다른 방에서 말을 걸어보자. 앵무새는 상대가 보이지 않아도 대화를 나눌 수 있다는 사실을 배운다.

3 감정을 담아 말한다

앵무새의 행동을 지켜보다가 나도 모르게 "귀엽다!"라는 말이 튀어나올 때가 있는데, 이처럼 감정이 담긴 말일수록 앵무새의 기억에 깊이 남는다. 단, 앵무새는 "짜증나!"처럼 나쁜 감정을 담은 말도 잘 기억하니 주의하기 바란다.

5 말을 하면 칭찬한다

앵무새가 말을 하려고 할 때마다 칭찬해주자. 그리고 말을 제대로 하면 즉시 새장으로 다가가 호들갑스럽게 칭찬하자. 이렇게 칭찬을 받은 앵무새는 '말을 하면 즐거워진다'는 사실을 배우게 된다.

일반적인 문제행동과 대처법

앵무새의 관점에서 원인을 파악하세요

앵무새가 문제행동을 하는 데에는 나름의 이유가 있다. 그러므로 그 행동이 언제 시작되었는지 되짚어보면 원인도 파악할 수 있을지 모른다. 외로움과 지루함, 무서운 사건, 지내는 방의 레이아웃 변경 등 스트레스를 줄 만한 급작스러운 환경변화는 없었는가? 곰곰이 따져보며 마음에 걸리는 점을 하나씩 개선해나가자. 그러나 더 중요한 일은 문제행동을 사전에 예방하는 것이다. 일단 시작된 문제행동을 고치려면 상당한 끈기가 필요하기 때문이다.

문제행동에 대한 대처

1 울어대기

사람의 모습이나 기척이 사라지면 불안한 듯 큰 목소리로 울어댄다. 그러나 그렇게 부른다고 곧바로 가면 '부르면 사람이 온다'고 생각하여 더 큰 목소리로 울 것이다.

응석받이 앵무새가 자주 보이는 행동이다. 울 때마다 "시끄러워!"라고 화를 내면 앵무새는 자신이 사육자의 관심을 끌었다고 생각하여 그것을 놀이처럼 생각하게 된다. 울어도 앵무새 곁으로 바로 가지 않고 무시했다가, 울음을 그치고 조용해지면 다가가서 칭찬해주자. 상을 주어도 괜찮다. 앵무새는 '조용히 하면 좋은 일이 생긴다'는 사실을 배울 것이다. 지루함을 호소하기 위해 울 때도 있다. 그럴 때는 함께 놀아주어 욕구를 충족시킨 뒤에 좋아하는 장난감 등을 넣어주고 새장을 떠나자.

2 무는 버릇

앵무새가 갑자기 사람을 물 때가 있다. 기분이 나쁘거나 불만스러워서 무는 것인데, 이때 사육자가 잘못 대처하면 '무는 버릇'이 습관이 될 수 있다.

물렸을 때 "아야!" 하고 소리를 지르면 앵무새는 '사육자가 기뻐한다'고 착각하여 같은 행동을 반복하게 된다. 소리를 내지 말고, 물린 손가락을 앵무새 입 안으로 쑥 밀거나 앵무새에게 입김을 세게 훅 불어서 그 행동을 멈추게 한다. 그런 즉시 새장에 넣어두고 잠시 무시하는 편이 좋다. 그러면 '사람을 물면 심심해진다'는 것을 반복적으로 인식하고 다시는 물지 않을 것이다. 또 평소 놀아줄 때도 손가락을 물고 놀게 하는 것도 바람직하지 않다. 그러면 손가락을 장난감으로 착각하여 계속 물게 된다.

3 손을 무서워한다

억지로 붙잡히는 등 사람의 손과 관련된 불쾌한 일을 겪고 나면 사람의 손을 무서워하게 될 수 있다.

손에 태우고 싶어도 너무 무서워하면 한동안은 내버려두자. 그 대신 신뢰회복을 위해 간식을 활용하는 것이 좋다. 손에 간식을 들고 앵무새에게 살짝 내밀어보자. 처음에는 피하겠지만 계속하다 보면 서서히 다가올 것이다. 그래서 간식을 조금씩 쪼아 먹게 되면 "아이, 착해라."라고 칭찬하여 앵무새를 안심시키자. 시간이 걸리더라도 꾸준히 반복해야 한다.

4 깃털을 뽑는다

자신의 깃털을 뽑는 '깃털 뽑기'는 일종의 자해행위다. 대개 스트레스 때문이라고 알려져 있는데, 질병이나 기생충, 영양장애, 위생문제 때문일 수도 있다.

우선 조류 전문병원에서 진찰을 받아보고 건강에 문제가 없다면 심리치료를 고려하자. 깃털 뽑기를 언제 시작했는지 되짚어보고 스트레스의 원인을 찾아보자. 환경변화 탓이라고 판단되면 예전의 환경으로 되돌려주자. 지루함 탓이라면 머리를 써야 하는 장난감이나 물어뜯을 수 있는 장난감을 주자. 애정결핍 때문이라면 부드럽게 이름을 불러서 대화를 하고 많이 놀아주자.

5 새장을 싫어한다

자유비행을 통해 새장 밖의 재미를 알게 되면 새장에 들어가기를 거부할 수 있다. 그렇다고 억지로 붙잡아 새장에 집어넣으면 사람의 손을 무서워할 수도 있다.

심심하다는 생각에 새장을 거부하다가도 배가 고파지면 모이가 있는 새장으로 스스로 들어가게 마련이다. 그러려면 새장 밖에서 음식을 주지 않아야 한다. 간식을 이용하여 새장으로 돌아오도록 유도하는 것도 하나의 방법이다. 새장에 들어가면 칭찬하며 상을 주자. '새장에 돌아오면 좋은 일이 생긴다'라고 생각하게 만들어야 한다. 또 새장 속에 장난감을 넣어주는 등 새장 안 생활을 재미있게 만드는 것도 중요하다.

6 가족을 공격한다

가족 중에서 특정한 사람에게만 친밀감을 느낀다면 다른 사람을 경쟁자로 생각하여 공격할 수 있다. 이럴 경우에는 친한 사람 이외에는 앵무새를 돌보지 못하게 된다.

대처법

앵무새에 관련된 일을 가족 전원이 분담하자. 공격당하던 사람이 모이 주는 역할을 맡는 것도 좋다. 그러다 보면 앵무새의 마음도 조금씩 달라질 것이다. 또 새장을 사람의 눈높이보다 높은 곳에 두면 자신이 가족을 내려다보는 지위에 있다고 착각하기 쉽다. 앵무새를 새장 밖에 내놓을 때도 반드시 사람의 눈높이보다 낮은 곳에서 놀도록 해야 한다.

7 공황에 빠진다

앵무새는 갑자기 큰 소리가 나는 등 뜻밖의 일에 놀라면 공황에 빠질 수 있다. 특히 왕관앵무는 섬세하고 겁이 많아서 새장 안에서 종종 퍼덕거리며 날뛴다(왕관앵무 패닉).

대처법

앵무새가 공황에 빠져 날뛸 때는 새장에 갑자기 다가가지 말고 조용히, 그리고 서서히 다가가자. 또한 방이 어둡다고 갑자기 불을 켜면 앵무새가 더 놀랄 수 있으니 일단은 "괜찮아. 안심해."라고 부드럽게 말해주자. 사육자의 온화한 표정을 보면 앵무새도 다시 차분해질 것이다. 완전히 진정되면 앵무새가 상처를 입지 않았는지 잘 살펴보자.

앵무새와 함께 즐겁게 놀아보아요

놀 때는 서로에게 집중하세요

앵무새는 성격이 활달하여 놀기를 무척 좋아한다. 사람과 놀고 싶어지면 새장 문 앞에서 제자리걸음을 하는 등 적극적으로 의사표현을 할 때도 있다. 그럴 때는 가급적 놀아주는 것이 좋다. 단, '책을 읽으면서' 'TV를 보면서' 놀아주는 '멀티태스킹 놀이'는 피하는 것이 좋다. 사육자가 자신을 적당히 취급한다고 느끼고는 사람과의 놀이를 아예 거부하게 될지도 모른다. 앵무새와 놀 때는 앵무새에게 집중하자. 또한 놀이방법도 궁리하여 함께 즐길 수 있는 시간으로 만들자.

함께 즐길 수 있는 놀이

1 수건으로 하는 까꿍놀이

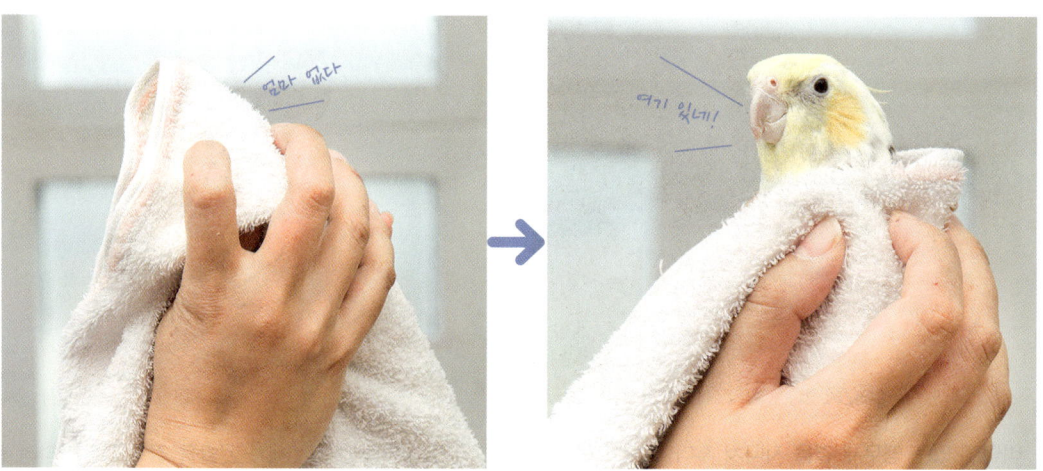

수건이나 손수건 등 천을 활용한다. 앵무새의 얼굴을 수건으로 가리고 "엄마 없다!"를 외치다가 수건을 치우고 "여기 있네!"라고 말하면 사람의 아이와 똑같이 재미있어 한다. 놀이할 때 수건으로 얼굴을 가리거나 몸을 감싸는 것이 익숙해지면 병에 걸려 천으로 몸을 감싸야 할 때도 심하게 저항하지 않게 된다.

2 휘파람 불기

지저귀는 소리에 맞추어 휘파람을 불어주면 앵무새는 자신에게 보조를 맞춰주는 사육자에게 신뢰를 느낀다. 또한 왕관앵무처럼 휘파람을 잘 부는 종류라면 사람이 분 휘파람의 선율을 기억하여 합창을 즐길 수도 있다.

3 계단 오르기

손가락 위에 앵무새를 태우고 왼손과 오른손의 손가락을 교대로 높여가며 이동시킨다. "올라가!"라고 명령해도 좋다. 훈련을 겸한 놀이지만, 너무 집요하게 하면 싫어할 수 있으니 5회 정도 성공하면 칭찬하고 끝내자.

4 술래잡기

바닥에 있는 앵무새 곁을 지나쳐 후다닥 하고 도망치면, 사육자의 움직임에 흥미를 느낀 앵무새가 쫓아올 것이다. 때로는 사람을 앞지르기도 한다. 체력이 많이 소모되는 놀이이므로 단시간에 마무리하자. 또 바닥의 물건은 미리 치워서 안전을 확보하자.

5 악수

내민 손가락에 앵무새가 왼발을 걸치고 올라타려 할 때 "악수!"하고 말하며 가볍게 쥔다. 잘하면 상을 준다. 익숙해지면 "악수!"라고 말하며 위아래로 가볍게 흔든다.

6 눈싸움

앵무새가 물끄러미 나를 보고 있을 때 나도 움직이지 않고 쳐다본다. 눈싸움은 먼저 움직인 쪽이 지는 놀이이니, 앵무새가 움직였을 때 "야, 내가 이겼다!"라고 말하며 기뻐하면 앵무새도 규칙을 서서히 익혀나갈 것이다.

7 페트병 뚜껑으로 딱지치기

비싼 장난감보다 페트병 뚜껑을 좋아하는 앵무새가 많다. 부리나 발로 잡고 놀다가 뚜껑을 뒤집었을 때 "잘했어!"라고 호들갑스럽게 칭찬해보자. 앵무새는 페트병 뚜껑 뒤집기를 놀이로 인식한다.

8 축구

작은 공을 굴려주면 앵무새가 공을 쫓아온다. 앵무새가 공을 물어서 굴릴 때 공을 주워주고 던져주며 "패스!" "슛!"이라고 소리친다.

9 공중그네

앵무새는 그네처럼 흔들리는 물체를 아주 좋아한다. 앵무새를 손가락에 태운 채로 상하좌우로 천천히 흔들어보자. 익숙해지면 거꾸로 뒤집어서 흔들어보자. 앵무새가 무척 즐거워한다.

10 줄다리기

앵무새가 끈이나 젓가락 등 가늘고 긴 물건을 갖고 놀 때 그 물건 끝을 살짝 잡아당긴다. 앵무새가 함께 당기기 시작하면 "영차, 영차!" 하면서 조금씩 밀거나 당기면서 놀아준다. 단, 너무 집요하게 하면 도중에 포기할 수 있으니 적당히 하자.

11 손안에서 뒹굴뒹굴

❶ 손을 무서워하지 않는다면 손가락으로 가볍게 몸을 건드려본다. 싫어하는 기색이 없으면 상을 주어가며 몸에 닿는 손가락 수를 서서히 늘린다.

❷ 손 전체로 몸을 가볍게 감싼다. 상을 주고 몇 초 후에 뗀다. 싫어하는 것 같으면 앞 단계로 돌아가자.

❸ 손으로 감싼 채 약간 들어 올린 뒤 상을 준다. 들어 올리는 시간을 조금씩 늘리면서 상도 늘린다.

❹ 손으로 감싼 상태에서 손을 뒤집어 앵무새의 배가 위를 향하도록 한다. 상을 주고 원래 상태로 돌려놓는다. 누워 있는 시간을 조금씩 늘린다.

SPECIAL TIP
좋아하는 장난감을 찾아주세요!

앵무새는 놀이를 무척 좋아한다. 같이 놀아줄 상대가 없으면 혼자서 놀기도 한다. 그럴 때를 대비하여 좋아하는 장난감을 새장에 넣어주자. 다양한 형태의 장난감을 갖고 놀다보면 앵무새는 많은 것을 배울 것이다. 장난감은 앵무새의 습성과 사이즈에 맞는 것으로 고르자. 단, 새로운 장난감을 새장에 넣을 때는 주의가 필요하다. 장난감이 갑자기 등장하면 놀랄 수 있으니 우선 새장 밖에서 보여주고, 관심을 보일 때 새장 안에 넣도록 한다.

소리 나는 장난감
흔들면 소리가 나는 장난감으로 청각을 자극한다.

천장에 매다는 장난감
천장에 매달아놓고 자유롭게 놀다보면 운동능력이 향상되고 스트레스도 해소된다.

머리를 써서 놀아야 하는 장난감
넘어뜨리거나 고리를 푸는 등 머리를 쓰며 놀다 보면 스트레스가 해소된다.

씹거나 물어뜯는 유형
앵무새는 잘근잘근 씹거나 물어뜯는 것을 아주 좋아한다. 종이나 식물섬유 등으로 만든 장난감은 부리로 물어뜯기 좋다.

PART 8

앵무새의 질병과 건강관리, 반드시 알아두세요

앵무새의 건강을 알 수 있는 체크포인트

'평소와 다르다'고 판단될 때는 곧바로 동물병원으로!

야생의 새는 몸이 약해진 것을 들키면 포식동물에게 제일 먼저 잡아먹히기 때문에 병을 숨기는 습성이 있다. 집에서 키우는 앵무새 역시 몸이 좋지 않아도 건강한 것처럼 행동한다. 그러므로 앵무새가 모이를 먹지 않거나 잠만 자는 등 평소와 달라진 점은 없는지 항상 면밀히 관찰해야 한다.
만약 몸이 아파 보인다면 곧바로 동물병원에 가자. 몸의 이상이 눈에 띌 정도면 상태가 이미 상당히 나빠졌다고 볼 수 있다.

CHECK POINT 얼굴 주변

눈의 이상 징후
- ☐ 눈이 붉다.
- ☐ 눈 주변이 부었다.

코의 이상 징후
- ☐ 콧구멍 주변이 지저분하다.

입과 부리의 이상 징후
- ☐ 부리 주변이 지저분하다.
- ☐ 입속에 끈적거리는 점액이 있다.
- ☐ 부리가 길어졌다.

귀의 이상 징후
- ☐ 귓구멍 주변이 지저분하다.

몸 전체 상태를 확인하세요

배설물의 이상 징후
- ☐ 변이 묽어졌다.
- ☐ 변의 색깔이 평소와 다르다.
- ☐ 변의 소변(흰색)이 황색 또는 녹색으로 변했다.

내추럴 펠릿을 먹는
중형 앵무새의 배설물

기타 이상 징후
- ☐ 토한다.
- ☐ 재채기나 기침을 한다.
- ☐ 입을 벌리고 호흡한다.
- ☐ 새장 바닥에 쪼그려 앉아 있다.
- ☐ 평소만큼 자주 노래하거나 말 하지 않는다.

앵무새는 대변과 소변을 동시에 배설한다. 모이에 따라 달라지기는 하지만, 일반적으로는 녹색 부분이 대변이고 흰색 부분이 요산이다.

CHECK POINT 몸

몸통, 배의 이상 징후
- ☐ 몸이 둥그스름해졌다(비만).
- ☐ 배가 부풀어 올랐다.

날개
- ☐ 깃털이 빠진다.
- ☐ 날개 색이 달라졌다.
- ☐ 날개를 자주 부풀린다.

발톱의 이상 징후
- ☐ 발톱이 비정상적으로 길어졌다.
- ☐ 발톱 밑에 출혈이 있다(발톱이 검어졌다).

동물병원 선택 요령과 진료 받을 때 주의할 점

조류에 대한 전문지식이 있는 수의사를 찾으세요

앵무새의 진단과 치료에는 전문지식이 필요하다. 그러니 새를 전문으로 취급하는 병원을 찾아가자. 통원 가능한 범위 내에서 입소문이나 인터넷 등을 참고하여 병원을 찾아낸 다음, 시험 삼아 건강진단을 받아보자. 그때 의사가 앵무새를 다루는 방식이나 소통하는 방식 등이 신뢰할 만 한지 판단하면 된다. 건강진단은, 앵무새에게 병을 숨기는 습성이 있다는 점과 병의 진행속도가 빠른 점을 감안하여 1년에 2회쯤 받는 것이 좋다.

1 앵무새를 위한 병원 선택 포인트

☐ 수의사가 새에 대해 전문적으로 공부했는가?
☐ 필요한 검사나 치료에 대해 사전에 상세히 설명하는가?
☐ 수의사와 직원들이 환자의 이야기를 잘 듣고 질문에 친절하게 대답하는가?
☐ 질병뿐 아니라 사육환경과 먹이 등에 대해서도 지도하는가?
☐ 앵무새의 전신을 꼼꼼하게 점검하는가?

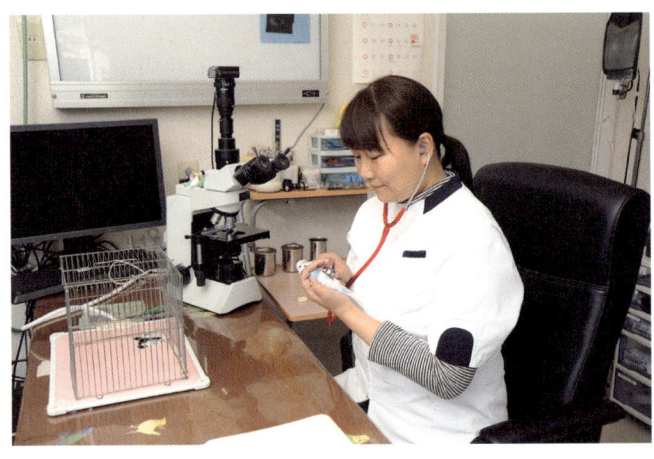

2 앵무새를 위한 진료 포인트

가져가면 좋은 것
- [ ] 변 – 마르지 않도록 랩으로 감싸서 지참한다.

※ 사정이 여의치 않을 때는 카메라로 촬영한 사진을 가져가도 무방하다.

병원에 갈 때 주의할 점
- [ ] 앵무새는 작은 이동용 새장 또는 적당한 크기의 케이스에 넣는다.
- [ ] 여름철 외에는 보온한다(일회용 손난로 등을 활용하여 29~30℃ 정도로 맞춘다. 더운 듯하면 온도를 조절한다).

수의사에게 전달할 것
- [ ] 앵무새의 성별과 연령
- [ ] 사육기간
- [ ] 평소 체중
- [ ] 먹는 모이의 종류와 내용
- [ ] 식욕 등 전체적인 상태
- [ ] 배설 상황
- [ ] 구체적인 증상(언제부터 / 어떻게)
- [ ] 증상이 잘 나타나는 시간대
- [ ] 지금까지 걸린 질병과 그때 쓴 약
- [ ] 생활패턴(기상, 소등시간)
- [ ] 한 마리만 키우는지 여러 마리를 키우는지

수의사에게 확인할 것
- [ ] 질병의 원인
- [ ] 치료 내용
- [ ] 처방된 약의 내용과 용법
- [ ] 집에서 주의할 점 등

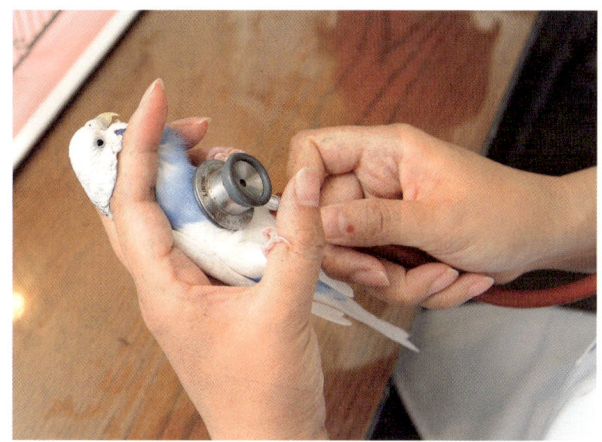

앵무새가 주의해야 할 질병

호흡기 질환

비염
(원인과 증상)
세균 감염이나 이물 흡입으로 발생하며, 재채기가 나고 콧구멍과 납막이 빨개진다. 심해지면 재채기와 함께 콧물이 나와서 콧구멍과 납막이 지저분해진다. 만성이 되면 고름 같은 콧물이 나고 코가 막혀서 호흡할 때마다 소리가 나며 입을 벌리고 호흡하게 된다.
(대책과 치료법)
세균이 원인이라면 적절한 항생제를 투여한다. 사육자는 앵무새의 저항력이 떨어지지 않도록 보온에 신경 쓰고, 영양분이 골고루 들어간 먹이를 먹여 저항력을 향상시킨다.

부비강염(부비동염)
(원인과 증상)
부비강에 염증이 생기는 병. 주로 세균 감염이 원인이며 대개는 비염을 오래 앓은 끝에 발병한다. 부비강은 부리에서 얼굴 한가운데에 걸쳐 복잡한 모양으로 얽혀 있으므로 세균 등이 들어가 염증을 일으키면 좀처럼 낫지 않으며 염증이 만성화하여 축농증으로 발전하기 쉽다. 이때 앵무새는 부비강이 불편해서 얼굴을 흔들거나 새장 등에 비빈다. 고름이 차면 입냄새가 나거나 구역질을 할 수도 있다.

(대책과 치료법)
비염과 마찬가지로 적절한 항생제를 투여한다. 그러나 부비강염은 잘 낫지 않으므로 비강을 세척하는 경우도 많다. 더 심각해지면 화농이 있는 부분을 절개하여 고름을 빼낸다.

하기도부 질환
(원인과 증상)
하기도는 목 부근에서 폐까지 이어지는 공기의 통로다. 이곳에 세균 또는 곰팡이의 감염, 비타민A의 결핍, 자극성 가스 흡입 등의 원인으로 염증이 생긴 것이 하기도부 질환이다. 기침이 나고 목소리, 숨소리가 변하며 심하면 호흡곤란이 나타난다.
(대책과 치료법)
검사에서 원인이 밝혀지면 적절한 약제를 투여한다. 흡입기로 약제를 흡입시키기도 한다. 영양분이 골고루 들어간 먹이를 먹이고 보온에 신경 쓰자.

클라미디아 감염증
(원인과 증상)
흔히 '앵무새병'이라 불리는 질환으로, 클라미디아라는 세균에 감염되어 발생한다. 왕관앵무, 사랑앵무 등

광범위한 종에서 관찰되는 질병이다. 발병하면 다양한 증상이 나타나며, 간에 감염되면 녹색 변을 본다.

[대책과 치료법]
클라미디아에 잘 듣는 항생제를 투여하고 보온을 철저히 한다. 또 설사나 구내염 등의 다양한 증상은 각각 적절한 방법으로 치료한다. 여러 마리를 키운다면 감염된 앵무새를 다른 방에 격리시킨다. 클라미디아는 사람에게도 감염되므로 병에 걸린 앵무새나 관련 용품을 만진 후에는 반드시 비누로 손을 씻고, 새장은 알코올이나 열탕으로 소독하여 전염을 예방한다.

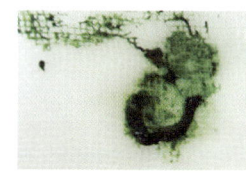

클라미디아 감염증에 걸린 앵무새의 녹색 변.

소화기 질환

식체

[원인과 증상]
식도 중간쯤에 있는 소낭은 앵무새가 먹은 모이를 저장해 두는 주머니 같은 기관인데, 이곳에 먹은 음식이 오랫동안 머물러 있는 것을 식체라고 한다. 유조에게 먹이를 너무 많이 먹이거나 잘못 조리된 음식을 먹이거나 온습도가 적절하지 않은 환경에서 사육할 때 발생하며, 그밖에 다른 소화기 질환 또는 식도, 위 폐쇄가 원인일 수도 있다. 식체가 발생하면 소낭이 있는 앞가슴이 붓거나 딱딱해지고 식욕이 떨어져서 쇠약해진다. 유조의 경우 생명이 위험할 정도로 심각한 병이다.

[대책과 치료법]
보온을 해주고 소화기의 기능을 촉진하는 약을 투여한다. 소낭 내에 정체되어 부패한 음식은 제거한다. 소낭 내의 음식이 딱딱하게 굳었다면 추가 조치가 필요하다. 앵무새의 소낭을 만져보아 붓거나 딱딱해지지 않았는지 확인하여 식체를 예방하고, 앵무새에게 알맞은 모이를 먹이자.

소낭염

[원인과 증상]
소낭은 몸속에 들어온 음식을 덥히고 불리는 기관으로, 소화기능이 없어서 세균, 곰팡이, 바이러스 등이 번식하기 쉽다. 이 소낭에 염증이 생기는 병인 소낭염은 식체나 면역력 저하 등 다양한 원인으로 발생하며 새끼들이 많이 걸린다. 이 병에 걸리면 식욕이 떨어지고 먹은 것을 토한다. 고통 때문에 고개를 길게 빼기도 한다.

[대책과 치료법]
원인을 확인하고 적절한 항생제와 항곰팡이제 등을 투여한다. 식체를 일으키고 면역력을 떨어뜨리는 가열된 전분과 당류를 삼가고, 적절한 모이를 먹이며 보온에 힘써 스트레스 없는 환경을 유지하자.

소낭에 모이가 정체되어 부은 상태

총배설강 탈출증

[원인과 증상]
총배설강은 소화기와 비뇨기, 생식기를 연결하는 주머니 모양의 관이다. 어느 한곳에 고정된 기관이 아니므로 일정한 원인에 의해 뒤집혀 밖으로 튀어나올 때

병에 걸렸을 때의 변

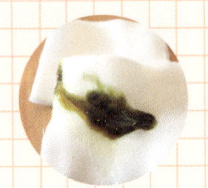

설사
앵무새의 변은 원래 수분이 많지만, 설사를 시작하면 변이 형체를 알아볼 수 없이 질척해진다. 설사의 원인은 대개 스트레스다.

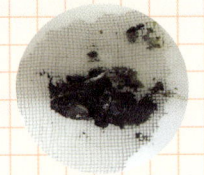

검은색 변
세균, 바이러스, 칸디다, 메가박테리아(AGY, 메가이스트라고도 함) 등의 감염으로 인한 위염과 위암, 중독, 간부전 등의 다양한 원인으로 위를 비롯한 상부 소화관에서 출혈이 있을 때.

붉은색 변
변에 붉은 피가 섞여 있다면 총배설강 출혈, 배설구 출혈, 생식기 출혈, 신장 출혈 등을 의심할 수 있다.

흰색 변(소화불량)
췌장염 등으로 췌장에서 소화효소가 나오지 않으면 전분(탄수화물)이 소화되지 않은 채 배출되므로 변이 흰색이 된다.

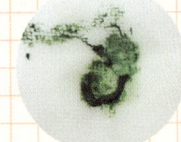

녹색 변
앵무새의 정상적인 변은 옅은 녹색이다. 만약 변이 짙은 녹색이고 질척하다면 납 등 중금속 중독을 의심할 수 있다.

가 있는데, 이것을 총배설강 탈출증이라 한다. 주로 알막힘이 있거나 산란을 한 암컷에게 발병하며 엉덩이에 붉은색 물체가 보여서 진료를 받으러 오는 경우가 많다. 이 병에 걸린 앵무새는 고통 때문에 식욕이 없어지고 날개를 자주 부풀리는데, 이 상태가 지속되면 몸이 쇠약해져서 결국 죽게 된다.

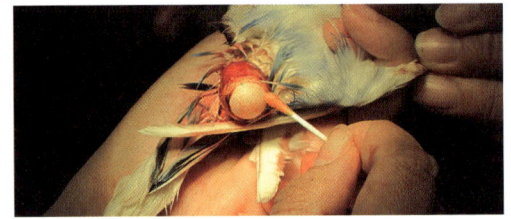

알막힘 탓에 붉은색의 총배설강이 뒤집힌 채 나와 있다.

〔대책과 치료법〕

밖으로 나온 총배설강은 즉시 원래 위치로 돌려놓아야 한다. 그렇지 않으면 괴사하여 배뇨관의 출구를 막기 때문에 머잖아 죽게 된다. 이 병에 걸린 새가 찾아오면 수의사는 항생제와 화농제거용 약품을 바른 면봉으로 튀어나온 배설강을 안으로 밀어 넣는다. 만약 앵무새의 엉덩이에서 붉은색이 보인다면 긴급하게 동물병원으로 가자.

강진단을 받도록 하자.

위염 때문에 위에 대량출혈이 있으면 검은색 변을 보거나 피를 토한다.

검은색 변

앵무새가 토한 피

장염

〔원인과 증상〕

장내에 침입한 바이러스, 세균, 곰팡이 등에 감염되거나 썩은 모이, 물, 약, 중금속처럼 장에 자극을 주는 무언가를 먹은 탓에 장 점막에 염증이 생기는 병이다. 주된 증상은 구토와 설사인데, 식욕이 떨어지고 날개를 부풀리며 복통으로 인해 배와 땅을 차듯이 움직이는 증상이 나타난다.

〔대책과 치료법〕

항곰팡이제를 쓴다. 이 병은 부모가 새끼에게 옮기는 경우가 많으므로 집에 앵무새를 데려온 즉시 건강진단을 받도록 하자.

메가박테리아 감염증

〔원인과 증상〕

앵무새에게 흔한 질병으로, 메가박테리아라는 곰팡이가 원인이다. 감염된 즉시 증상이 나타나지 않고 스트레스를 받거나 면역력이 떨어질 때 발병한다. AGY, 메가이스트라고도 부르며 사랑앵무, 유리앵무 등이 많이 걸린다. 위염과 소화불량을 일으키므로 식욕, 기운 없음, 구토, 위출혈로 인한 검은 변 등이 나타난다.

〔대책과 치료법〕

항진균제가 효과적이다. 이 병은 부모가 새끼에게 옮기는 경우가 많으므로 집에 앵무새를 데려온 즉시 건

칸디다 감염증

〔원인과 증상〕

곰팡이의 일종인 칸디다가 일으키는 감염증. 밥이나 우동 등 가열된 탄수화물의 섭취, 장기간에 걸친 항생제 투여, 비타민A 결핍, 면역력 저하 등의 원인으로 칸디다가 소화관 내에 퍼져서 발병한다. 설사나 구토 외에 기운이 떨어지는 증상도 나타난다.

〔대책과 치료법〕

항곰팡이제를 투여한다. 이 병을 예방하려면 가열된 탄수화물을 피하고 영양이 골고루 포함된 먹이를 주며 스트레스 없는 환경을 유지해야 한다.

현미경으로 본 칸디다의 균사

트리코모나스 감염증

〔원인과 증상〕

트리코모나스라는 기생충이 일으키는 감염증이다. 부모가 입으로 먹이를 먹이거나 비위생적인 환경에서 자라는 유조에게 주로 나타난다. 트리코모나스는 입속, 식도, 소낭에 기생하여 증식한 뒤 입속, 부비강, 눈 등 곳곳에 퍼져 염증을 일으킨다. 입에 증식하면

입속이 불편해져 앵무새가 혀를 자꾸만 움직이고 하품을 하며 머리를 흔들게 된다. 트리코모나스가 부비강염을 유발하면 재채기나 콧물이 나오고, 결막염을 일으키면 눈이 빨개지는 등 다양한 증상이 나타난다.

〔대책과 치료법〕
검사에서 트리코모나스가 검출되면 항원충제를 투여한다. 감염된 앵무새가 쓰는 새장, 사육용품 등은 열탕 또는 알코올로 소독한다. 소독을 못할 상황이라면 최대한 깨끗하게 씻어서 잘 말리자. 여러 마리를 키울 경우에는 아픈 앵무새를 병이 완치될 때까지 다른 방에 격리한다.

지알디아 감염증
〔원인과 증상〕
지알디아(람불편모충)라는 기생충이 일으키는 감염증이다. 지알디아가 붙어 있는 모이를 먹어서 감염되며, 대개는 아무런 증상 없이 지나가지만 일단 발병하면 설사가 지속되고 잘 멈추지 않는다.

〔대책과 치료법〕
항원충제로 기생충을 없애고 설사가 너무 심하면 지사제를 쓴다. 지알디아에 감염된 앵무새의 새장과 사육용품은 열탕 또는 크레솔액으로 소독한다.

헥사미타 감염증
〔원인과 증상〕
지알디아와 유사한 기생충인 헥사미타가 일으키는 감염증이다. 왕관앵무가 많이 걸리며 헥사미타에 감염된 새와의 접촉을 통해 감염된다. 눈에 띄는 증상은 거의 없다.

〔대책과 치료법〕
항원충제를 투여해도 완전히 제거하기 어려운 기생충이다. 감염된 앵무새의 새장이나 사육용품을 열탕 또는 크레솔액으로 꼼꼼히 소독하는 것만이 유일한 예방법이다.

비뇨기 질환

신장 질환

〔원인과 증상〕

다양한 원인으로 신장이 정상으로 기능하지 못하는 질병과 증상을 총칭한다. 호흡곤란이 오고 복수가 차서 배가 부풀어 오르는 등 증상도 다양하다.

〔대책과 치료법〕

질병과 증상에 따라 치료법도 달라진다. 예방하기 위해서는 영양이 골고루 들어간 먹이를 주고 앵무새가 중독을 일으킬 만한 물질을 입에 대지 않도록 생활환경을 정돈해야 한다.

신부전증

〔원인과 증상〕

신장 기능이 저하되는 증상을 말한다. 신장 질환뿐 아니라 탈수, 요로폐쇄 등의 원인으로도 발병할 수 있다. 진행 속도에 따라 급성과 만성으로 구분되며, 급성일 경우 앵무새가 급격히 쇠약해지면서 다뇨 또는 극단적으로 소변이 적어지는 증상이 나타난다. 만성일 경우는 발을 자꾸 위로 들어 올리거나 발을 질질 끌며 걷는다.

〔대책과 치료법〕

원인에 따라 치료법도 달라지는데, 가장 효과적인 것은 식이요법이다. 치료용 펠릿 사료가 판매되고 있으니 그것을 먹여서 신장 기능을 향상시키자.

통풍

〔원인과 증상〕

고령 또는 단백질 과잉섭취, 신부전 등으로 요산이 체액 내에 포화되어(고요산혈증) 강한 통증을 일으키는 병이다. 통증이 나타나는 장소에 따라 내장통풍과 관절통풍으로 나뉜다. 내장통풍은 대개 돌연사로 이어지지만, 죽기 전에 신부전 징후가 나타날 수 있으므로 탈수나 다뇨 등의 증상이 눈에 띄는 즉시 진료를 받자. 관절통풍에 걸리면 발에 종기가 생기며, 통증 때문에 발을 들고 서 있거나 발을 질질 끄는 증상이 나타난다.

〔대책과 치료법〕

고요산혈증 치료약을 투여한다. 사육자는 보온에 힘쓰고 새장에 물을 많이 넣어주어 탈수를 방지하자. 수의사의 지도하에 치료용 펠릿 사료를 먹여도 된다.

관절통풍으로 종기가 생긴 발

붉은 변에 주의하세요!

신부전, 신장 질환이 있으면 혈액의 색소가 녹아나와 변이 붉어진다. 통풍 역시 악화되면 신부전을 유발하므로 통풍에 걸려도 붉은 변이 나올 수 있다.

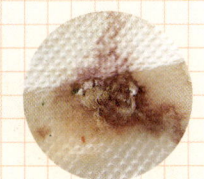

신장 질환에 걸린 앵무새의 변.

내장 질환

간장 질환

[원인과 증상]

다양한 질병으로 인해 간장이 염증(간염)을 일으키거나 간 기능이 저하(간부전)되는 병이다. 앵무새에게 특히 흔한 병으로, 누르스름한 소변이 나오고 깃털이 탈색되며, 부리와 발톱이 길고 부드러워지며 복부가 부풀어 오르는 등의 증상이 나타난다. 그밖에도 식욕 부진과 구토, 설사, 체중감소 등의 증상이 있다. 또 과식으로 간에 지방이 쌓여 지방간이 되어도 간 기능 저하로 유사한 증상이 나타날 수 있다.

[대책과 치료법]

원인이 확실하다면 원인을 치료하는 약을 투여하며 증상 치료를 병행한다. 지방간이 원인이라면 적절한 식사로 체중을 조절하면서 수의사의 지시를 따르자.

간 기능 장애로 깃털이 노랗게 변한 앵무새. 특히 왕관앵무에게 간장 질환이 많다.

지방간에 걸린 앵무새는 윗부리가 약해지면서 길게 자란다.

복수

심장 질환, 복막염, 종양, 간 기능 장애 등 다양한 질병이 원인이 되어 복강(내장이 들어있는 공간) 속에 체액이 들어찬 것을 말한다. 예방은 불가능하므로 배가 부풀어 오른 것을 발견하자마자 병원으로 가는 수밖에 없다.

복강 내에 체액이 들어찬 상태

갑상선종

요오드 등 영양소 부족으로 갑상선이 붓고 비대해지는 병이다. 부어오른 갑상선이 호흡기, 소화기, 순환기 등을 압박하는 탓에 숨소리가 휘파람 소리처럼 들리게 된다. 또 먹는 도중이나 먹은 직후에 목이 멘 듯 구역질을 하다가 토하는 등 다양한 증상이 나타난다.

내장 종양

〔원인과 증상〕

신장, 간장, 난소, 난관, 정소 등 다양한 장기에 생긴 종양을 총칭한다. 사랑앵무에게 특히 많이 발병하며 양성과 악성으로 구분되는데, 증상은 부위에 따라 다르다. 수컷의 생식기에 생기면 납막이 암컷과 같은 갈색으로 변하는 등 암컷화가 진행될 수 있다(수컷의 납막은 원래 파란색 또는 분홍색). 복부가 비정상적으로 부풀었다면 내장 종양일 가능성이 있으니 긴급히 병원으로 가자.

〔대책과 치료법〕

조기에 발견하여 치료하거나 부위에 따라 수술로 종양을 적출하면 완치할 수 있다. 예방은 어렵지만 발정 억제나 비만 해소가 생식기와 신장, 간장의 종양 예방에 어느 정도 효과가 있다.

당뇨병

〔원인과 증상〕

유전적 원인이나 비만, 췌장과 간장의 질환 등 다양한 원인에 의한 내분비 이상으로 혈당치가 높아지는 질병이다. 다식과 다뇨, 많이 먹는데도 체중이 줄어드는 등의 증상이 특징적이다. 심해지면 뇌장애를 일으켜 신경증으로 급사할 수 있다.

〔대책과 치료법〕

특정한 질병이 원인이라면 원인 치료를 진행한다. 원인을 모르는데 증상이 심각하다면 일단 입원하여 혈당치를 조절한다.

췌장염

〔원인과 증상〕

바이러스, 세균에 감염되어 췌장에 염증이 생기는 병이다. 그밖에 십이지장염, 복막염을 치료한 후에도 생길 수 있고 비만이나 지방간, 금속중독 등에 의해 발병하기도 한다. 췌장은 소화효소인 췌액(이자액)과 인슐린을 분비하는 중요한 장기다. 따라서 일단 발병하면 다양한 증상을 일으키며 당뇨병 등 다른 질병을 유발한다.

〔대책과 치료법〕

증상에 따라 치료를 진행한다. 예방하기 위해서는 고지방, 고단백 모이를 최소한으로 줄여 비만을 해소하자.

생식기 질환

알막힘(Egg binding)

[원인과 증상]

알이 난관을 틀어막고 나오지 않는 병. 앵무새의 배가 부풀고 딱딱해졌는데도 만 하루가 지나도록 산란하지 않는다면 알막힘일 가능성이 높다. 초산, 과산란인 앵무새, 특히 비타민과 칼슘이 부족하고 일광욕을 하지 못한 어미가 잘 걸리는 병이다. 계절로 보면 기온이 낮고 태양광이 상대적으로 부족한 동절기에 많다. 이 병에 걸린 앵무새는 바닥에 쭈그려 있거나 식욕과 기력이 떨어지고 날개를 부풀리며 호흡이 빨라지는 등의 전형적인 증상을 보인다.

[대책과 치료법]

칼슘을 주사하면 스스로 산란하는 수도 있다. 스스로 산란하지 못하면 수의사가 복부를 압박하고, 그래도 나오지 않으면 개복수술로 알을 꺼낸다. 예방을 위해서는 비타민과 칼슘을 충분히 먹이고 일광욕을 자주 시키자. 또 발정 중에는 매일 체중을 재고 배를 만져 보아 알이 들어 있는지 확인하자. 알이 있는데도 하루 이상 산란을 하지 않는다면 진찰을 받아야 한다.

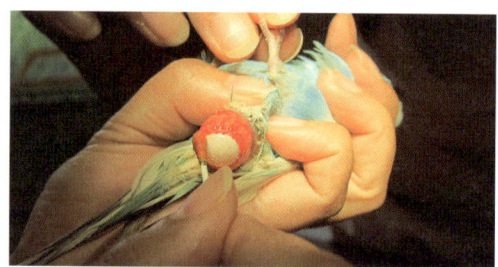

알막힘으로 총배설강(붉은 부분)이 탈장(184쪽)된 상태

난관 내 축란재증

[원인과 증상]

난황, 난백, 알껍질 등 알의 재료(난재)가 과다하게 분비되어 난관 내에 축적되는 병이다. 사랑앵무에게 흔한 병으로, 배가 부풀고 식욕이 떨어지며 날개를 부풀리고 꾸벅꾸벅 조는 등의 증상이 나타난다. 그밖에도 설사나 다뇨가 나타날 수 있다.

[대책과 치료법]

엑스레이와 초음파로 뱃속을 검사한다. 일단 이 병으로 진단받았다면 응급수술이 필요하다. 난재는 저절로 배출되지 않으므로 결국 개복하여 난관을 적출해야 하기 때문이다. 예방법은 알막힘의 경우와 동일하다.

난관염

[원인과 증상]

난관에 염증이 생기는 병이다. 세균 등 병원체에 감염되어 생기는 '감염성 난관염'도 있지만 대부분은 종양이나 알막힘 등으로 인한 '비감염성 난관염'이다. 복부가 부풀어 오르며 통증 때문에 자기 배를 물거나 찰 때도 있다. 심해지면 식욕부진 등으로 전신이 쇠약해진다.

[대책과 치료법]

감염성 난관염이라면 소염제와 항생제를 투여하고, 비감염성 난관염이라면 개복하여 난관을 적출한다. 비감염성 난관염은 과산란일 때 자주 발병하므로, 예방을 위해서는 사육환경을 개선하여 발정을 억제하자.

난추성 복막염

[원인과 증상]

난소에서 배란된 알은 난관으로 들어가는 것이 정상인데, 어쩌다 복강 내로 잘못 떨어지면 복강과 복수의 장기를 뒤덮는 복막에 염증이 생긴다. 알이 난관에 들어가더라도 난관파열로 인해 복강 내로 유출될 수 있다. 이때는 복강 내를 가득 채운 난황이 부패하기 전에 빨리 제거해야 한다. 이 병에 걸리면 배가 붓고 모이를 먹지 않으며 힘이 없어지는 등의 증상이 나타난다.

[대책과 치료법]

개복수술로 난재를 제거하면 완치된다. 그러나 수술을 못할 정도로 악화된 경우에는 완치가 어렵다.

난관 탈출증

[원인과 증상]

난관의 수축운동에 이상이 생겨 난관이 뒤집어져 밖으로 나오는 증상. 초산이나 과산란인 앵무새가 알막힘을 겪은 후 발병할 때가 많으며 반복되기 쉽다. 고통 때문에 식욕이 떨어지거나 날개를 부풀리며 기운이 없어지는 증상을 보이는데, 엉덩이에서 붉은 물체가 보이는 것이 특징이다. 총배설강 탈출증과 혼동하기 쉬우므로 반드시 내원하여 정확한 진단을 받자.

[대책과 치료법]

총배설강 탈출증과 마찬가지로, 밖으로 나온 난관을 즉시 되돌려놓지 않으면 말라서 괴사한다. 병원에 가면 항생제와 화농방지제 등을 바른 면봉으로 밖으로 나온 난관을 안으로 밀어 넣는데, 가정에서는 조치하기 어려우므로 붉은 부분(밖으로 나온 난관)이 마르지 않도록 생리식염수 등으로 적신 거즈로 감싸고 긴급히 내원하자. 수의사는 항생제, 소염제, 발정 억제제 등을 처방하며, 난관을 적출해야 하는 경우도 많다.

낭포성 난소 질환

[원인과 증상]

난소에 낭포(액체가 찬 주머니)가 생기는 병으로 '난소낭종'이라고도 불린다. 종양이 없는 유형은 호르몬 이상으로 발병하며 종양이 생기는 유형은 과다한 발정으로 발병한다. 이 병에 걸리면 배가 부풀고 식체, 구토, 배변곤란 등의 소화기 증상이 나타나며 '켁켁' 하는 특징적인 기침과 호흡곤란이 동반된다.

[대책과 치료법]

발정을 억제하는 약을 투여하면 낭포가 일시적으로 작아지나, 근본적인 치료를 위해서는 개복하여 난소를 적출해야 한다. 난소 전체를 적출하기는 매우 어려워서 대개는 일부만 적출하게 되므로 수년 후에 재발할 가능성이 높다. 그래도 수술을 한 앵무새가 수술을 하지 않은 앵무새보다 생존율이 높은 것으로 알려져 있다.

영양과 대사에 관련된 질병

곱사병

[원인과 증상]

칼슘, 인, 비타민D3 등의 부족으로 뼈가 뒤틀리고 성장이 늦어지는 질병이다. 이 병에 걸린 앵무새는 발을 질질 끌게 되고 윗부리는 작게 구부러진다. 또 다리가 O자형으로 휘고 골절에 약해진다. 칼슘과 인을 충분히 섭취하지 못한 부모에게서 태어난 새끼 또는 칼슘 성분이 없는 난조만 먹고 자란 새끼에게서 많이 발병한다.

[대책과 치료법]

초기에 발견하면 칼슘과 인, 비타민D3를 투여하여 뼈를 정상으로 돌릴 수 있지만, 이미 뼈가 뒤틀려서 변형되었다면 고칠 수 없다. 단, 부리만은 치료 후 정상으로 자라게 된다. 집에서 만든 모이가 아닌, 영양이 골고루 들어 있는 파우더푸드로 키웠다면 곱사병 걱정은 하지 않아도 된다.

비타민A 결핍증

[원인과 증상]

앵무새가 잎채소나 비타민제, 펠릿 사료를 먹지 못했을 때 비타민A의 원료인 베타카로틴이 결핍되어 발생하는 병이다. 이 병에 걸리면 장기의 표면과 피부가 형성 이상을 일으킨 탓에 눈, 호흡기, 소화기 등 다양한 부위에 증상이 나타나며 결막염과 누관폐쇄, 호흡기 질환, 장염, 신부전, 통풍 등도 함께 발병할 수 있다.

[대책과 치료법]

비타민A를 투여한다. 예방하려면 조류용 비타민제를 물에 타서 먹이거나 펠릿 사료를 먹이는 등 비타민A를 충분히 공급하자.

각기병

[원인과 증상]

비타민B1의 결핍으로 일어나는 다발성 신경염으로, 좁쌀만 먹고 자란 유조에게서 많이 발병한다. 이 병에 걸리면 일단 다리가 마비되고, 좀 더 진행되면 부리가 밑으로 처지거나 날개를 떠는 듯한 증상이 나타난다. 식욕이 떨어지고 입을 벌려서 호흡하기도 한다. 내버려두면 새끼는 머잖아 경련을 일으켜 죽게 된다.

[대책과 치료법]

비타민B1을 투여하여 치료하며, 예방을 위해서도 비타민B1을 섭취해야 한다. 새끼를 키울 때는 난조만 먹이지 말고 영양이 골고루 들어간 파우더푸드를 먹이는 것이 좋다.

페로시스

[원인과 증상]

망간 등 미네랄의 결핍, 유전적인 문제, 부모나 새끼

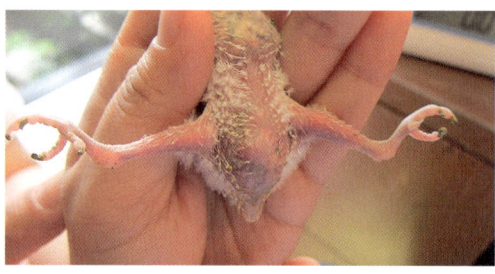

페로시스로 양다리가 벌어진 새끼

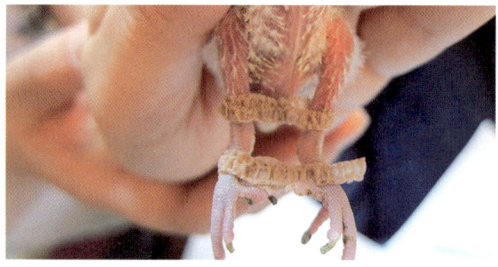

새끼의 경우 테이핑으로 양다리를 붙여서 교정하면 거의 정상으로 회복될 수 있다.

자신의 건강상태의 악화 등 다양한 원인으로 다리가 변형되는 병이다. 한쪽 다리 또는 양 다리가 바깥으로 부자연스럽게 벌어지는 것이 특징이다.

〔대책과 치료법〕

조기에 발견하면 비타민, 미네랄제 투여와 발 교정으로 증상을 상당히 개선할 수 있다. 또 횃대에 자주 앉다 보면 자연히 교정될 수도 있다. 예방을 위해서는 번식기의 부모에게 비타민과 미네랄이 풍부하고 영양소가 골고루 들어간 먹이를 주어야 한다.

칼슘 결핍증

〔원인과 증상〕

모이에 칼슘이 부족하거나 일광욕을 하지 못해서 비타민D3가 결핍되었을 경우, 또는 산란이나 발정이 과다할 경우에 저칼슘혈증(혈중 칼슘 농도가 저하된 상태)이 발병한다. 성장기의 앵무새가 걸리면 발을 질질 끌게 되고, 성조가 걸리면 경련과 다리 마비 등의 증상을 보인다. 곡물을 주로 먹는 앵무새나 대형 앵무새(특히 유조기의 회색앵무)에게 많은 질병이다.

〔대책과 치료법〕

만성일 경우 칼슘과 비타민D3를 투여하는 동시에 영양이 골고루 들어간 먹이를 먹인다. 갑자기 저칼슘혈증이 발생했다면 경구 또는 주사로 칼슘을 투여한다. 암컷이라면 발정을 잘 관리하고 칼슘과 비타민D3가 풍부한 먹이를 주며 일광욕을 충분히 시켜서 예방한다.

칼슘 부족으로 껍질이 약해진 알. 이런 알은 알막힘을 일으킨다.

피부와 깃털에 관련된 질병

바이러스성 깃털질환(PBFD)

〔원인과 증상〕

사랑앵무와 회색앵무에게 많이 발병한다. 주된 증상은 깃털의 변색과 누락이며, 식욕부진과 구토, 설사 또는 면역부전도 동반된다. 바이러스에 감염된다고 다 발병하는 것은 아니지만 일단 발병하면 치료가 어렵고 급성 증상으로 돌연사를 일으킬 수 있는 위험한 병이다.

〔대책과 치료법〕

유감스럽게도 효과적인 치료법이 아직 없으므로, 인터페론을 투여하여 바이러스 증식을 억제하고 면역력을 높여 2차 감염을 예방하며 바이러스에 대한 저항력을 키우는 것이 최선이다. 그러나 증상에 따라서는 이 방법만으로도 상당한 효과를 볼 수 있다. 예방을 위해서는 감염된 앵무새를 격리하여 전염을 방지한다.

깃털이 점점 빠져나가 전신의 깃털이 듬성듬성해진다.

자교증

(원인과 증상)
앵무새의 대표적인 문제행동으로, 자신의 부리로 겨드랑이나 날개 아래, 발 등에 상처를 입히는 증상이다. 생리적인 원인 또는 정신적 스트레스로 발병한다. 혹은 피부질환 때문에 통증과 가려움을 느끼거나 신부전 등으로 몸의 일부가 마비되었거나 깃털에 무언가가 들러붙었을 때 자극을 배제하려는 행동일 수도 있다. 어쨌든 상처가 나면 출혈과 화농이 뒤따른다. 심하면 출혈과다로 사망할 수도 있다.

(대책과 치료법)
자교증으로 보인다면 필요에 따라 엘리자베스 컬러(머리에 둘러서 몸을 물지 못하게 하는 도구)를 처방하고 상처는 항생제, 소염제, 진정제 등으로 치료한다. 평소에 앵무새를 잘 관찰하여 통증이나 가려움을 느끼는 듯하면 즉시 진찰을 받자. 예방을 위해 새장은 항상 청결하게 유지하고 앵무새가 편히 쉴 수 있는 장소를 마련하는 등 생활환경을 정비하자.

미지선염

(원인과 증상)
미지선은 앵무새의 꽁지깃 뿌리에 있는 기관이다. 앵무새는 여기에서 분비된 피지를 온몸의 깃털에 발라 체온을 유지하고 수분을 막아낸다. 이 미지선이 세균에 감염되어 염증을 일으키는 병이 미지선염이다. 이 병에 걸리면 미지선이 빨개지거나 비정상적으로 커진다.

(대책과 치료법)
항생제와 소염제로 치료한다. 세균 감염을 막기 위해 위생적인 환경을 유지하자.

옴

(원인과 증상)
옴 진드기가 피부, 입 주변, 발 등에 기생하는 병으로 사랑앵무가 많이 걸린다. 옴 진드기는 피부 등에 작은 구멍을 뚫어서 기생하는데, 그 부위가 점점 변형되거나 흰 딱지 같은 것이 내려앉는다. 가려움을 동반하는 유형과 가려움증이 없는 유형이 있으며, 전신에 진드기가 퍼지면 앵무새가 쇠약사할 수 있다.

(대책과 치료법)
구충제를 투여하면 대부분의 옴 진드기 성충은 죽는다. 그런 다음 진드기의 알이 부화하기를 기다려 1~2주 간격으로 약을 투여하면 완전히 없앨 수 있다. 앵무새끼리의 접촉을 통해 전염되므로 감염된 앵무새는 반드시 격리한다. 예방을 위해 새장을 꼼꼼히 청소하여 청결한 환경을 유지하자.

범블풋

(원인과 증상)
발바닥이 부어서 솟아오르는 병. 비만 때문에 체중이 너무 불어나거나 횃대 사이즈가 발에 맞지 않을 때 발병한다. 비타민A가 부족하거나 운동부족으로 발에 혈액이 잘 돌지 않을 때도 발병하기 쉽다. 처음에는 발바닥이 빨개지는 정도지만 점점 붉은 부분이 넓어져서 부스럼처럼 변한다. 환부에 출혈이나 통증이 있으면 앵무새는 발을 질질 끌거나 한쪽 발만 들고 서 있게 된다. 또 환부가 세균에 감염되면 붓기가 매우 심해진다.

(대책과 치료법)
항생제와 소염제를 투여하는 동시에 횃대를 없애서 발바닥의 부담을 덜어준다. 영양이 골고루 들어간 모이를 먹인다. 예방을 위해서는 평소에 적절한 모이를 먹이고 앵무새의 사이즈에 맞는 횃대를 설치하는 것이 중요하다. 또 새장을 청소할 때는 횃대까지 깨끗이 닦자.

피부 종양

〔원인과 증상〕

피부에 생기는 사마귀나 부스럼 등을 총칭하여 종양이라 부른다. 그중에는 지방종이나 농양 등 양성 종양도 있지만 선종이나 선암, 림프종, 편평상피암 같은 악성도 있다.

〔대책과 치료법〕

양성일 경우는 적절한 모이를 먹이며 자연스럽게 없어지기를 기다리거나 적출하여 치료한다. 악성일 경우는 이미 진행되고 나면 치료가 어려울 수 있으므로 조기에 발견하여 적출해야 한다. 피부에 무언가 이상한 것이 보이면 곧바로 진찰을 받자.

SPECIAL TIP

알아두세요!
긴급 상황 대처법

※ 응급처치를 끝낸 즉시 병원으로!

출혈

● **깃털 출혈**
깃털이 부러지면 대량 출혈이 일어날 수 있다. 다행히 출혈이 금세 멈춘다면 상태를 지켜봐도 되지만 출혈이 좀처럼 멈추지 않는다면 부러진 깃털을 뽑아야 한다. 깃털이 빠진 곳에서도 피가 난다면 깨끗한 거즈 등을 대고 압박하면서 서둘러 병원으로 가자.

● **부리와 발톱의 출혈**
피가 배어나오는 정도라면 일단 상태를 지켜보자. 출혈이 계속될 경우 지혈제(88쪽)를 쓰거나 환부를 눌러서 지혈한다. 응급처치로 피가 멈추었다 해도 만일을 위해 진찰을 받는 것이 좋다.

● **피부 출혈**
다른 앵무새나 동물에게 물려서 피가 날 때는 깨끗한 거즈나 탈지면 등으로 압박하여 지혈한다. 아무 것도 없을 때는 손가락으로 눌러도 괜찮다. 그래도 멈추지 않는다면 즉시 병원에 문의하거나 방문하여 진찰을 받자. 사람의 소독약은 앵무새에게 너무 자극적이니 쓰지 않는 것이 좋다.

사고로 부리가 빠져 피가 나는 앵무새

골절

문에 끼거나 사람에게 밟혀서 뼈가 부러지는 앵무새가 많다. 특히 영양상태가 나쁘거나 과산란, 지속발정 등으로 뼈가 약해진 상태라면 운동과 보정(118쪽) 등을 위해 가벼운 힘만 주어도 뼈가 부러질 수 있다. 가정에서 응급처치를 하기는 어려우니 되도록 안정적인 자세로 병원에 데려가자.

앵무새에게 유해한 것들

● **식물** : 골든포토스, 디펜바키아, 케이폭나무, 고무나무, 아이비, 벤자민, 시클라멘, 수선화, 은방울꽃, 튤립, 만병초, 수국, 포인세티아, 베고니아, 히아신스, 세인트폴리어 등
● **금속류** : 커튼추, 스테인드글라스, 와인병 마개의 금속박, 낚시추, 물감, 액세서리, 아연으로 도금한 방울과 체인 등
● **기타** : 세제, 시너, 살충제, 담배연기, 아로마테라피 재료 등

화상

앵무새가 뜨거운 음식이 든 냄비나 그릇에 날아들어 화상을 입는 경우가 많다. 이럴 때는 일단 살짝 보정한 채로 환부에 흐르는 물을 끼얹어 열을 식힌다. 그리고 환부에는 아무 것도 바르지 말고 병원에 가자. 이동할 때는 체온이 떨어지지 않도록 일회용 손난로 등으로 보온한다.

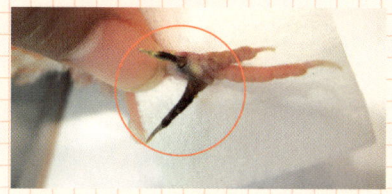
난방기구에 장시간 접촉한 탓에 저온화상을 입어 검게 변한 발가락

중독

앵무새는 다양한 물질에 중독을 일으킬 수 있다. 액세서리나 휴대전화 스트랩의 납, 아연, 주석 등의 중금속을 삼켰을 때, 또는 유해한 음식이나 식물을 먹었을 때, 또는 도료 등 휘발성 가스를 흡입한 다음에 갑자기 기운이 떨어지거나 평소와 다른 상태를 보인다면 곧바로 병원으로 데려가자.

납에 중독된 앵무새의 변. 선명한 녹색이다.

열사병

더운 곳에 오래 둔 앵무새가 입을 벌리고 호흡하거나, 헐떡이거나 발을 벌리고 서있다면 열사병일 가능성이 있다. 이럴 때는 실온이 25℃ 정도 되는 곳으로 새장을 즉시 이동시킨 후 물에 적셔 꼭 짠 수건으로 전신을 감싸 열을 빼준다. 상태가 안정되더라도 만일을 위해 진찰을 받자.

위험물 삼킴

앵무새가 자유비행 중에 자잘한 물건(클립, 액세서리 등)을 삼키거나 새끼 앵무새가 화학섬유를 먹을 때가 있다. 대개는 배설이나 구토로 배출되지만 핀처럼 뾰족한 것을 삼켜서 내장을 다쳤다면 개복하여 꺼내야 한다. 위험물을 삼켰다면 병원에 연락하여 지시하는 대로 조치하자. 똑같은 물건이 남아 있다면 가져가서 의사에게 보여주자. 이런 사태를 예방하기 위해 자유비행을 위한 안전대책을 세우고, 자유비행 중에는 앵무새에게서 눈을 떼지 말자.

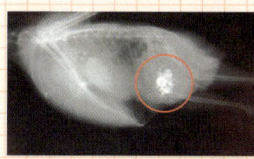
엑스레이 사진에 배 속의 둥근 비즈가 찍혀 있다.

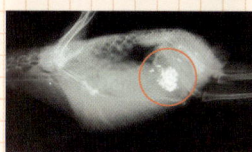
배 속의 흰 부분이 앵무새가 삼킨 금속조각이다.

부록

알아두면 유용한 웹사이트

반려조이야기 http://cafe.naver.com/iovebird

애완조 관련 국내 최대 인터넷 카페. 앵무새 이외에도 다양한 애완조 사육에 필요한 정보를 공유하고 애조인들 사이의 분양을 중개하기도 한다. 회원들이 애완조를 사육하는 과정에서 겪는 다양한 경험을 공유하며 분양에서 관리, 먹이, 번식, 의료서비스, 애조용품 등에 대한 다양한 정보를 얻기에 유용한 곳이다. 상업적 목적보다 야생 조류 보호사업 등에 관심이 많은 공익적 커뮤니티로서 신뢰감이 높다.

애완조 세상 http://cafe.naver.com/fincih.cafe

2005년 개설된 애완조 커뮤니티. 기본적인 애완조 사육에 필요한 정보를 제공하며, 애조인들 간의 친목, 애조용품 공유, 분양 및 입양 등의 코너가 있다. 특히 애완조 교육에 관한 유용한 팁을 얻을 수 있다.

사랑스러운 애완조류 http://cafe.daum.net/lovelovebird

2001년 개설된 가장 오랜 역사의 애완조 커뮤니티. 애완조를 키우는 사람들이 순수하게 모여 정보 교류를 위해 시작했다. 애완조의 일상과 생활환경, 조류용품 정보 등 애조인들이 필요로 하는 상업적이지 않은 정보가 많다.

앵무새 분양 http://cafe.naver.com/bird79

앵무새 전문 분양 인터넷 커뮤니티. 철저한 회원 관리를 통해서 분양 사기, 허위 정보 등의 문제에 더 많은 관심을 기울이고 있으며, 앵무새를 전문으로 다루기 때문에 품종별 상세한 정보를 얻을 수 있다. 앵무새 위탁, 미아조 찾기, 병원 후기 등의 특화된 정보를 얻기에도 유용한 곳이다.

굿닥터동물병원 http://blog.naver.com/36runway

경기도 군포에 있는 동물병원. 다른 반려동물에 대한 진단 및 치료도 함께하지만 반려조에 특화된 동물병원이다. 조류의 질병 치료를 위한 최신 장비들을 갖추고 있어 곰팡이균 감염 등 일반 동물병원에서 진단하기 어려운 질병 치료가 가능하다. 사이트를 통해 반려조 영양 및 질병 정보를 얻을 수 있으며, 필요할 경우 영양제를 택배로 구입할 수 있다. 쪽지를 통해 질의응답도 가능하다.

작은새 이야기 http://littlebirdstory.co.kr

애조인이 만든 앵무새 용품 인터넷 쇼핑몰. 모이(영양제), 새장, 이유식, 장난감 등을 비롯한 검증된 앵무새 용품을 저렴하게 판매한다. 변질의 가능성이 있는 벌크 모이 대신에 앵무새에게 필수적인 수제 종합 영양식을 소포장으로 제공한다. 특히 모든 모이를 꼼꼼하게 물로 세척한 후 건조시켜 판매하며, 세척 후 일주일이 지난 모이는 전량 폐기하는 등 위생 관리에 정성을 기울이는 곳으로 잘 알려져 있다. 신뢰를 바탕으로 운영하는 곳으로 믿고 구매할 수 있는 쇼핑몰이다.

감수

에비스 버드 클리닉(에비스 소형 동물, 소형 조류 병원)
하마모토 마이 원장
도쿄 도 시부야 구 에비스니시 1-27-3
(東京都渋谷区恵比寿西 1-27-3)
Tel. 03-3461-8005

하마모토 선생님과 에비스 클리닉의 마스코트 '보노'&'고후지'

촬영, 상품협력

앵무새 전문점 콤파말(インコ・オウム専門店コンパマル)
http://www.compamal.com/

사진 협조

두근두근 펫군(ドキドキペット君)
http://www.dk2p.jp/

10~13쪽 상품협력

※ 본문에는 알파벳 약칭으로 표기되어 있습니다.

Ⓐ ART MARKET
http://www.rakuten.ne.jp/gold/artmarket/

Ⓜ 디자인필 미도리
http://www.midori-japan.co.jp/

Ⓥ 비전퀘스트
http://vq-goods.shop-pro.jp/

Ⓩ 지즈뱅크
http://ziesbank.com

참고문헌

《반려조의 질병백과 コンパニオンバードの病気百科》(세분도신코샤)
《행복한 앵무새 사육과 생활 幸せなインコの育て方・暮らし方》(오이즈미)
《앵무새와 사는 법을 배우는 책 インコとの暮らし方がわかる本》(닛토쇼인)
《앵무새의 방 インコの部屋》(스튜디오 무크)
《앵무새를 즐기는 법 BOOK インコの楽しみ方BOOK》(세비도슛판)
《반드시 알아두어야 할 앵무새의 기분 必ず知っておきたいインコのきもち》(메이쓰슛판)
《즐겁게 지낼 수 있는 귀여운 앵무새 사육법 楽しく暮せるかわいいインコの飼い方》(나쓰메샤)

앵무새
교과서